家庭教育

ATING JIAOYU

幼儿园大班

总主编——朱永新
本书主编——文萍　杨咏梅

漓江出版社
·桂林·

图书在版编目（CIP）数据

家庭教育．幼儿园大班 / 朱永新总主编；文萍，杨咏梅主编．-- 桂林：漓江出版社，2023.8
ISBN 978-7-5407-8966-4

Ⅰ．①家… Ⅱ．①朱… ②文… ③杨… Ⅲ．①学前儿童—家庭教育 Ⅳ．① G78

中国版本图书馆 CIP 数据核字（2022）第 037051 号

家庭教育　幼儿园大班
JIATING JIAOYU YOU'ERYUAN DABAN

总 主 编　朱永新
本书主编　文　萍　杨咏梅

出 版 人　刘迪才
选题统筹　李　弘
责任编辑　杨海涛
助理编辑　覃佩雯
装帧设计　黄　洁
责任监印　杨　东

出版发行　漓江出版社有限公司
社　　址　广西桂林市南环路 22 号
邮　　编　541002
发行电话　0771-5825315
邮购热线　0771-5825315
网　　址　www.lijiangbooks.com
微信公众号　lijiangpress

印　　制　广西民族印刷包装集团有限公司
开　　本　787 mm × 1092 mm　1/16
印　　张　8.75
字　　数　134 千字
版　　次　2023 年 8 月第 1 版
印　　次　2023 年 8 月第 1 次印刷
书　　号　ISBN 978-7-5407-8966-4
定　　价　32.00 元

丛书编委会

总主编　朱永新　国家全民阅读形象代言人。全球最大教育奖项“一丹教育发展奖”得主，国际“爱阅人物奖”得主，“中国阅读三十人论坛”成员，新教育实验发起人，新阅读研究所创办人。出版《未来学校》《致教师》等专著数十部，作品版权输出美国、法国、德国、日本等，被译为31种语言。被评为“中国十大教育英才”、中国教育60年60人、“为了公共利益”年度人物、“2020年度全国政协委员优秀履职奖”等。

执行主编、小学学段主编　童喜喜　儿童文学作家，教育学者，说写课程创始人。中国十大作家奥运火炬手，全国推动读书十大人物，教育部“全民阅读标准建设工程”咨询专家，美国哈佛中国教育论坛第一位儿童文学作家，“中国阅读三十人论坛”成员兼秘书长。作品输出海外，被译为3种语言。

学前、幼儿学段主编　文萍　广西幼儿师范高等专科学校校长，广西教育学会副会长，教育部职业院校教学指导委员会中小学教育专门委员会副主任委员。

学前、幼儿学段主编　杨咏梅　中国教育报家庭教育周刊原主编，第二届中国家庭教育“十佳”公益人物，中国家庭教育学会宣传教育专业委员会副理事长，中国教育学会家庭教育专业委员会常务理事。

小学学段主编　李福灼　南宁师范大学教师教育学院院长。教育部国培计划专家库专家，教育部中小学校长国家级培训专家库专家，教育部—联合国儿童基金会“社会情感学习（SEL）”项目国家级专家。

初中学段主编　石鹏　广西南宁市第十四中学校长，“全国家庭教育创新实践基地”学校带头人，曾获“全国模范教师”“全国优秀教师”“特级教师”“广西基础教育名校长”等荣誉称号。

初中学段主编　殷飞　南京师范大学心理学院副教授，南京师范大学家庭教育研究院副院长，江苏省家庭教育研究会副会长，中国家庭教育学会常务理事。

高中学段主编　王文蓉　南宁师范大学教师教育学院副院长，硕士生导师。教育部全国中小学幼儿园教师培训专家工作组专家，教育部国培计划专家库专家，教育部校长国培计划专家库专家，教育部—联合国儿童基金会“社会情感学习（SEL）”项目国家级专家。广西家庭教育研究会副会长，广西教育学会家庭教育专委会理事长。

高中学段主编　翟博　中国教育报刊社原党委书记、社长。在理论研究、教育研究、新闻和文学写作等方面取得丰硕成果。

本书编委会

总 主 编： 朱永新

本书主编： 文　萍　杨咏梅

副 主 编： 唐翊宣

本书作者： 陈连连　黄宁娜　陈沁湉

胡慧睿　付红珍　郑艳华

总 序

家庭是教育的起点

朱永新

我们培育的孩子，是中国美好的明天，是我们共同的未来。每个大人都希望孩子有出息，希望今天的孩子是明天的人才。

但是，无论父母还是老师，我们很多大人在面对孩子的许多问题时，经常力不从心，不知所措。遇到困难的大人们，无论是渴望家庭教育方法的父母长辈，还是希望引导父母做好家庭教育的一线教师，不仅需要倾诉和聆听，更需要得到指导和帮助。这一套为家长量身打造的“家庭教育”丛书，正是为此应运而生。

为了让这套“家庭教育”丛书能够得到更好运用，在编写过程中，我们对各个环节进行了精心的设计。

我们针对0～3岁、幼儿园、小学、初中、高中五个阶段，分别邀请专家学者进行主编：《中国教育报·家庭教育周刊》主编杨咏梅和广西幼儿师范高等专科学校校长、教育学博士文萍主编0～3岁阶段和幼儿园阶段的内容，新教育萤火虫亲子共读公益项目创始人、原新家庭教育研究院理事长、著名儿童文学作家童喜喜和南宁师范大学教师教育学院院长、教授李福灼主编小学阶段的内容，南京师范大学教授、新家庭教育研究院副院长殷飞和南宁市第十四中学校长、正高级教师石鹏主编初中阶段的内容，中国教育学会家庭教育专业委员会常务副理事长、中国教育报刊社原党委书记兼社长翟博和南宁师范大学教师教育学院副院长、广西家庭教育研究会副会长王文蓉主编高中阶段的内容。

这五个阶段的主编，都是活跃在一线的优秀专家，在学术研究上各有造诣，都是家庭教育工作的资深学者，常年奔走在全国各地，对家庭教育的一线情况如数家珍，不仅有着广泛的影响力，更对不同地区的家庭教育特点有着全面把握，让这套丛书的内容能够更好地覆盖不同群体。

我们反复研讨，提出了诸多具体细致的编写要求。比如写作中，围绕相同问题，需要归纳不同背景、不同环境下容易出现的不同类型的状况或做法，分门别类地进行指导，从而让读者在阅读中更容易发现自己的问题和不足，选择方法时更有针对性等。

我们组建了由在中小学、幼儿园工作的优秀教师和全国各地的“新教育种子计划”公益项目的榜样教师组成的作者团队。这些作者本身就活跃在家庭教育的一线，他们每个人都在为丛书添砖加瓦，使得这套丛书更接地气，进一步提高其实用性。

我们以“过一种幸福完整的教育生活”作为宗旨，在内容中贯彻诸多家庭教育的根本理念，如“教育，从家庭开始”“幸福比成功更重要，成人比成才更重要”“阅读和家庭，是教育的两大基石”“母亲是女人最神圣的天职”“父亲是男人最重要的工作”“与孩子一起成长”“教育需要智慧爱”等。

我们反复推敲丛书的体例，形成了一个严密而高效的结构——

导语，对单元目标进行提纲挈领的把握。

案例分析，以当下事件为切入点，提炼重大问题，有的放矢。

了解孩子，明确不同年龄段孩子的主要特点，增进多方了解。

实施指南，以简明扼要的语言提供具体方法。

延伸拓展，围绕相关主题，推荐更多图书、影视或亲子活动，便于按图索骥，亲子共读、共赏、共乐。

评估改进，以现实生活中易犯的错误，结合章节的主题，编写测试题，供读者自测、自评，拟订行动计划。

鲜活的案例、务实的分析、高效的方法、贴心的测评，我们相信，这套丛书能够成为家庭教育的高参，成为家校共育的锦囊。

其实，在收到主编这套“家庭教育”丛书的邀请之时，我犹豫了很久。一是因为本职工作已经非常忙碌，主编一套丛书需要不少时间；二是因为早在几年前，我已经组织编写过一套同类题材的图书。最终，考虑到漓江出版社当时是应教育部门的委托前来邀请，考虑到有了此前的经验能够弥补一些不足，可以进一步提高家庭教育的有效性，我还是答应下来。

我知道，理念转化为图书容易，方法转化为行动艰难，所以我们从不同层面，推动着行动。

我把主编这套丛书的稿费100%捐赠给江苏昌明教育基金会，用于开展更多家庭教育研究和实践。

这套丛书的主编团队、作者团队，不仅会完成这套丛书的编写，还会在更多家庭教育的活动中，身体力行地帮助家长、教师、社会工作者运用这些知识。

在漓江出版社的支持下，由“家庭教育”丛书的编写委员会执行主编、小学阶段主编童喜喜以中国儿童文化艺术基金会“新孩子”专项基金和新教育新阅读研究所统筹组建的公益团队，已经在为城市、乡村等不同处境的父母群体细化研发更有针对性的课程，密切关注留守儿童成长问题、隔代教育问题等，并借助网络的便利，以公益的方式，将以“新父母双师网校”为载体，以“新教育种子计划”“新教育萤火虫亲子共读”等公益项目，为父母、老师提供更多跟进指导。

这套丛书的内容得到了许多学校的认可。如今越来越多的学校教育工作者发现：家庭教育做好了，学校教育的地基就坚实了。所以，我们也和漓江出版社多次沟通，根据学校的特点和要求进行相应调整，专门推出了适合学校工作的版本，便于学校组织开展家庭教育工作。

陶行知先生说过：“生活即教育。”家庭教育正应该成为这样的生活。教育应以万千家庭的生机盎然，组成新时代的蓬勃原野。

感谢漓江出版社的信任，感谢参与编写和创作的全体专家、老师认真勤奋、卓有成效的工作。错漏之处，敬请读者们多多指正。

家庭是教育的起点。起点稳了，方向对了，基础就牢了，孩子就好了，家庭就和谐了，教育就完整了，人生就幸福了。让我们一起努力，用好教育建设我们的好家庭！

2022年8月13日写于高铁途中

目　录

幼儿园大班上册

幼儿园大班下册

幼儿园大班上册

第一专题 衔接并非“小学化”

孩子的成长有几个关键期，幼儿园大班就是其中之一。越来越多的家长意识到幼小衔接是一个非常特殊而且重要的阶段，如果孩子从幼儿园平稳地过渡到小学，就会对其长远发展产生积极效应。于是，越来越多的家长开始加入备战幼小衔接的大军，具体做法很多，包括识字、拼读拼音、运算做题，甚至强迫孩子练习坐着等。家长的这种做法实质上就是将幼小衔接简单等同于知识经验的衔接，也就是将幼小衔接“小学化”了。成功的幼小衔接不应该是小学知识的提前传授，更不应该是小学教育模式的超前进行，而应该是帮助孩子做好身体素质和学习能力的准备。授之以鱼不如授之以渔，发展孩子的能力才可以让孩子的学习长久受益。能力准备是幼小衔接的根本，相比于知识的学习，孩子生活习惯、学习兴趣、任务意识、规则意识和责任感的培养才是更为重要的内容。那么，幼小如何衔接？家长应该怎么做呢？

案例分析

案例一 “小学化”衔接，用错力危害大

大班的默默和同龄孩子一样，天真活泼，每天最令他感到快乐的事情就是和小伙伴一起玩耍。无论是在课堂上还是在区域游戏或户外游戏

中，默默都表现出较强的语言表达能力和逻辑思维能力。幼儿园老师认为只要家长稍稍加以引导，默默上小学后就会表现得很棒。但默默的妈妈不这么认为。作为一名小学的英语老师，她认为孩子不应该输在起跑线上。她经常对默默说："你长大后有了本领，想怎样玩就怎样玩。你现在的时间太宝贵了，不能浪费。"

大班上了一个月，默默妈妈就来幼儿园办理退园手续，原因是：公办幼儿园不教授知识，而她的孩子很聪明，每天在幼儿园里玩耍，会耽误孩子的成长。她想让默默去上社会培训机构开办的幼小衔接班。园长亲自和默默妈妈谈话，根据教育部研究制定的《3～6岁儿童学习与发展指南》给了默默妈妈很多建议；家人不支持默默退园；默默自己也不想离开幼儿园。默默妈妈听从了大家的意见，决定暂时不退园。

可是焦虑的种子已经在默默妈妈心中扎根发芽，尤其是当听说朋友的孩子已经识得多少汉字，会做几以内的算术题时，默默妈妈的焦虑和担忧就会成倍增长。她认为每天在幼儿园的玩耍占用了默默太多的时间，长此以往，默默肯定会被同龄人远远抛在后边。可是退园阻力重重，能利用的就只有默默放学回家之后的时间了。于是默默妈妈制订了详细的学习计划，将孩子离园后的时间全部做了规划。语数英三节网课上下来，默默每晚10点才能睡觉；第二天早上起床困难，默默总是最晚一个到幼儿园，来到幼儿园后一点精神也没有，吃早餐时也没有食欲。默默从班里的积极分子变成了"迟到大王"，脾气也变得暴躁，不愿意与老师、小朋友沟通交流，有时会为一点小事哭闹，情绪变得敏感又脆弱。

默默妈妈将默默的改变归结于幼儿园。大班下学期，她不再听任何人的劝告，给默默办理了退园手续，让默默去上专门的幼小衔接班。于是默默就背起了小书包，当上了"小学生"。默默妈妈尤其注重孩子对拼音和口算的掌握程度，默默每天的生活被作业占满。在默默幼小的心里妈妈只关心他的学习，从来不关心他是否开心。妈妈每天说得最多的话就是：妈妈是爱你的，妈妈是为了你好。默默每次考试得100分才能换来妈妈的拥抱和亲吻，相反，如果考试成绩不好，妈妈就会眉头紧锁，还会给默默额外加作业。

很多家长不了解幼儿身心发展的规律，也不去学习相关知识，只是一味跟风，为了不让孩子“输在起跑线上”，想当然地去做幼小衔接，结果就像案例一中的默默妈妈一样瞎折腾：学拼音、刷题、参加各种培训班……搞得自己身心俱疲，孩子也苦不堪言。岂知“心急吃不了热豆腐”，孩子的成长也不能投机取巧地走捷径，一定要瓜熟蒂落、水到渠成。否则，你会发现，所有的捷径都是弯路，甚至会让孩子误入歧途。

1. “超前教育”热，源于焦虑与误解

家长的着急上火，很大程度上源于网络时代的商业性宣传，各类媒体的渲染又加剧了家长的焦虑和攀比心理，于是许多家长焦急计算着孩子从幼儿园到小学的倒计时，早早地开始为孩子的小学生活“铺路”。有需求就会有市场，于是社会上出现了名目繁多的幼小衔接班。许多家长会把教育的目的直接定位为成绩，把教育的高度直接等同于学历。在这种思想大行其道的背景下，学前培训机构迎合家长们的心理和需求，其贩卖的课程，不是英语听力就是电脑编程，不是数学就是语文。这种类似小学的课程设计，不过就是提前将孩子带到“起跑线”前，让孩子过早地开始小学阶段的学习。

“保证您的孩子进入小学后无需适应期”“在我们这里上过课的孩子进入小学后，考试肯定是高分，您丝毫不用担心”“孩子一定能够进入好的小学”……这些口号和广告语都完美地迎合了家长们的心理，虽然学前培训的各种弊端逐渐显现，但还是有大批家长前赴后继地让孩子加入各种补习班的阵营中。学前课程如此丰富，别人家的孩子学了这么多东西，再不行动，自己的娃就被甩在后边了。一旦培训机构激起学龄前幼儿家长们内心深处的焦虑，这些家长就已为孩子踏上培训班之路备好行囊了。

造成与案例一类似的状况的另一个原因是，父母对幼小衔接的相关理论的认识停留在一知半解的层次上，缺乏正确的教育观念和科学的引导。对幼小衔接的高度重视和欠缺科学指导之间形成了各种误区，孩子在这些误区下，常常需要接受超越年龄段相应能力的学习任务，接受所谓的“超前教育”。

如果孩子们是在幼儿园活动中自然地完成幼小衔接，这个过程就像读一本好的故事书，要专心读，畅快淋漓地经历跌宕起伏，体悟字里行

间跃动的情愫，跟书中的角色一起经历悲欢离合，心灵被润物细无声地洗涤，然后书本由厚到薄，再由薄到厚，其内容被自然内化。与之相反，“小学化”衔接式读书则相当于直接把书中的道理或者精彩句段挑出来要求孩子死记硬背。后者不但不符合认知规律，而且学习的愉悦感也没了，取而代之的是盲目地断章取义、枯燥地完成任务，最终丧失读书兴趣。这种“小学化”衔接看似直接高效，实际上牺牲了孩子快乐的童年生活，并且让孩子产生误解：学习是枯燥和乏味的。

2. 强迫进行“小学化”衔接，其实是舍本逐末

大量的教育实践和研究表明，“小学化”衔接带来的暂时的优势只能维持到一年级第一个学期前三分之二的时间，短暂的效果显现之后，孩子很可能会“泯然众人矣”，而由此带来的危害却很多。

一是影响孩子的身体发育。学龄前孩子的身体机能尚未发育成熟，可塑性大，身体器官也未发育完善，体形结构还未定型。如果按照小学化的学习方式，每天坐几个小时，会影响幼儿身体发育，尤其影响视力发展，还会形成错误的姿势与体态。

二是影响孩子的心理发展。小学化的学习方式，忽视孩子的认知过程，使孩子对学习产生厌倦情绪和消极心理，摧残了孩子活泼好动的个性，给孩子心灵造成创伤。

三是小学化的教育减少了孩子的游戏机会，降低了孩子与同龄人交流与合作的机会，不利于孩子养成健全的人格。在学前阶段有良好的生活习惯、对知识有浓厚兴趣的孩子往往会后来居上，从这个层面来看，超前学习是以牺牲孩子对学习的兴趣、孩子自身长远的发展为代价的，所以用这样的代价换来的所谓的优势实际上是靠不住的。

“不让孩子输在起跑线上”成了很多家长的信仰，提到幼小衔接，很多家长会像案例一中的默默妈妈一样给孩子学很多东西。一方面，“填鸭式”教育剥夺了孩子无忧无虑地成长的权利，且容易降低孩子的学习兴趣。在步入小学以前，孩子几乎是没有任何学习压力的，这时候适当的引导与铺垫可以让孩子更好地适应今后的学习，但如果在这一阶段便向孩子施加过多的学习压力，那么孩子的童年将是灰暗的。长此以往，孩子会产生厌倦感和疲惫感，严重影响孩子学习兴趣的提高。另一方面，

让孩子事先掌握未来会学到的学习内容，很容易导致孩子出现傲慢的心理，因为当知识重现时，这些知识对于其他孩子来说都是新知识、新内容，而对于事先受过教育的孩子来说，这些内容都已经烂熟于心。这种“成就感”很容易导致孩子对学习不重视。

幼儿时期是孩子培养好的学习习惯的关键期，但是处在学前教育阶段的孩子，他们的大脑和身体的各个器官相比小学生而言，发育得还不是非常完善，所以他们的注意力也比较难集中。强迫学龄前的孩子像小学生一样坐下来规规矩矩地学习零碎的拼音、数字等小学知识，而忽略了对孩子学习习惯和学习兴趣的培养，无异于舍本逐末。

在一年级的课堂，让一个早就懂得100以内加减法的孩子来学习10以内的加减法，还要让他坐着专心听课和参与课堂互动，这几乎是不可能的。实际上，坐着不乱动、不捣乱的孩子也很难找到。一年级最关键的就是养成孩子专心学习的良好习惯，孩子一旦前三个月上课坐不住，对所学知识不感兴趣，就会厌学、惧学，长此以往就不会学。

综上所述，正是因为家长陷入仅做知识方面的准备，忽略培养孩子的情感、社会性能力和学习品质，所以幼儿学习从学习内容到形式都过早地小学化，这是无视幼儿身心发育特点、违背幼儿学习与发展规律的。让幼儿在这个时期里过早地体验小学的学习方式，强行终止以游戏为主的幼儿园生活，会对幼儿造成不可逆的伤害。

案例二 “不作为”衔接，错过成长关键期

新学期一开始，很多大班家长便开始询问幼儿园和小学教师，怎样配合老师帮助孩子做好幼小衔接的工作，实现平稳过渡。

身为90后的豆豆妈妈却不以为意。她认为自己的教育观念非常“新潮”，自己从小就是被父母用传统的教育方式教大的，受约束、受管制，“压迫”坚定了她的“叛逆育儿”思想，她决心与死板的传统教育方式做对抗。在豆豆妈妈看来，想要教育好孩子，还得是顺其自然，做父母的不需要干涉，只要孩子开心，该会的自然就会了。

班级群里只要有家长提及幼小衔接的话题，豆豆妈妈都会跳出来反对。她希望让孩子拥有一个快乐的童年，经常在群里呼吁其他家长：“幼儿园就只有短短的三年，这是孩子们最无忧无虑的时光，应该让他们尽情地玩耍，家长不要剥夺孩子们玩耍的权利。”豆豆妈妈认为，自己小时候也没有上过幼小衔接班，上学照样能跟上，现在发展得也不错。一听到“幼小衔接”几个字，豆豆妈妈就会反驳：这是盲目跟风，这是揠苗助长。

日常生活中，豆豆妈妈也始终坚持“放养”模式，对孩子的各个方面都没有要求。每天晚上不管孩子玩到多晚都不阻挠，早上也任由孩子睡到自然醒。拖沓之下，豆豆几乎每次都是最晚来园的那一个，甚至有时不愿意上学了就请假待在家里玩。豆豆从小没有受过约束，在家基本没有什么规则，不但没有穿衣洗漱这些基本的自理能力，全家围着他服务的时候他还经常不配合。上了大班，豆豆的穿衣吃饭还是依赖家长和老师，卫生习惯就更不用提了。豆豆妈妈认为，这些事情孩子长大了自然而然就会了，不用刻意训练，要让孩子享受当下。幼儿园呼吁早期阅读、亲子阅读，豆豆妈妈则认为孩子喜欢读就多读几本，不喜欢读也不能强求。久而久之，豆豆没有养成一个良好的阅读习惯，对电子产品的兴趣远远大于对绘本的兴趣。幼儿园老师多次与豆豆妈妈沟通，豆豆妈妈却始终不以为意。

进入小学后，豆豆的状态可想而知：由于缺少规则意识，豆豆入学后很长一段时间都坐不住，课上随意说话，课后也不能按照老师要求的那样正常玩耍和如厕；又由于对书本缺少兴趣，而且阅读能力和理解能力较差，课堂上老师讲的内容有很多豆豆都听不懂；小学的上学时间提前，又不能随意请假，每天都要早睡早起也让豆豆和豆豆妈妈崩溃；有几次小测验豆豆都是排在末尾，日常的作业对豆豆来说也是一种挑战。

此时此刻，豆豆妈妈才意识到幼小衔接原来不是自己以为的那么简单，更不是什么都不用操心，但要补上这一课谈何容易！

1. 学前教育，“放手”不等于“放任”

随着社会不断进步，高学历、高素质的年轻家长占据了新手父母的主场。在当今信息化的时代背景下，这些年轻家长掌握着各种各样的教育理念来源渠道，有一部分父母开始用所谓“科学”“新潮”的育儿观念对抗大众育儿思想。盲目对抗下，部分父母失去了辨别精华和糟粕的能力，从一个极端走向了另一个极端。

有些家长误认为：限制孩子的天性就是扼杀孩子的未来，千篇一律的盆栽不如自由伸展的野草；该会的早就会了，何苦揠苗助长，累了家长苦了孩子；成才靠自己，不靠父母；专业的事交给专业的人，教育，学校才是专业的……

源于对幼儿教育的片面理解的众多意见左右了相当一部分的家长，豆豆妈妈便是其中的一个。反科学、伪科学的观念误导了幼儿教育的方向，忽视了家庭教育的重要性，极大影响了幼儿的健康发展。家长更新教育观念，应该是在尊重孩子的身心发展规律以及认知规律的基础上给予孩子科学的引导、支持和帮助，抵制揠苗助长的做法是对的，可因噎废食、从孩子的成长和教育中完全抽身也是不可取的。

防止学前教育“小学化”并不是说就要放任幼儿发展。孩子的发展是一个连贯的过程，在正式步入小学之前，孩子如果能进行一定的学前教育，那么升小学后就可以更好地适应小学的学习、尽快进入学习状态。案例二中的豆豆妈妈错误地由着豆豆的性子来，没有任何约束，这其实是进入了另一个极端。“放手”不等于“放任”，遵循孩子身心发育的自然规律并不是放任孩子“野蛮”生长。孩子在不同的年龄阶段有不同的发展特点，家长和老师要做的是抓住其发展的关键期，给予科学的引导和适度的督促、鼓励，让孩子能“跳一跳，摘个桃”，找到孩子的最适宜发展区，而不是在树荫里蜷缩不动。阳光雨露都不接触的孩子将得不到好的发展。

2. 抓住大脑发育关键期，做学习型家长

脑科学研究表明，幼儿期正是大脑神经元迅速发生连接的时期，人类大脑神经突触的生长遵循“用进废退”的原理，如果接受的信息刺激不足，突触数量就会逐渐减少，导致神经元的程序性死亡，因此早期丰富的刺激对人的智力成长具有不可替代的作用。因此抓住幼儿成长的关键期，给予孩子适度的、科学的刺激和引导是非常必要的。

“不能让孩子输在起跑线上”这句话并不是说让孩子提前学习多少

小学课本上的知识内容，而是指要抓住孩子生长的关键期，从小培养孩子的能力和品质，因为要想为孩子一生的幸福奠基，有些能力和品质就必须在合适的年龄去培养。在对的时间去做对的事，才能取得事半功倍的效果。大脑发育的关键期是不可逆的，放任式教育会导致孩子因得不到适时的、正确的教育而影响其自身的发展，不但达不到家长想要的事半功倍的效果，反而容易事倍功半。

家长在做好幼小衔接方面要担负起陪伴的责任，要做学习型家长，不断用智慧的方式方法为孩子顺利升入小学助力。如果任孩子“尽情玩，自由长”而不培养孩子的自理能力、规则意识以及任务意识，会造成孩子进入小学后因为生活节奏变化而出现不适应的情况。家长适度进行幼小衔接有利于发展孩子的思维能力。在小学的学科科目中，有不少的科目对于孩子的逻辑思维有一定要求，如果孩子接受过适当的学前教育，那么在思维能力开发方面是可以占到一定优势的。思维能力是通过不断地开动脑筋进行思考而形成的。如果孩子在进入校园以前没有接受过一定程度的学前教育，那么可以开发他们思维能力的途径将受到一些限制。所以，适当的学前教育可以让孩子的思维能力得到很好的提升。

幼小衔接应围绕幼儿能够完全理解的知识、选用合适的方式开展，比如可用实物演示进行分解组成的练习，为小学的数学运算打基础；在绘本阅读中，教孩子认识一些简单的汉字；在增加绘画练习的基础上，教孩子们能正确握笔书写 1 ～ 10 的数字；等等。选择合适的方式润物细无声地给孩子渗透相关知识，培养孩子的相关能力，帮助孩子顺利实现过渡，这是每一个家长都应该做的，家长们大可不必谈“幼小衔接”而色变。

当然，除了学习品质、学习能力、学习兴趣等方面的培养，有些必要的准备也是必须由家长去做的。例如在日常生活中帮孩子在思想上做好入学准备，用“你会认识更多朋友、学习更多的知识，成为了不起的小学生”来代替“上了小学就不能玩了，就得好好学习、好好写作业了”。前者会在孩子心中种下美好的种子，让孩子感觉到上学是一件值得期待的事情。在孩子正式入学之前，家长还可以带孩子去书店、文体商店等一起选购一些学习用品，选购过程中尊重孩子的意见，给孩子一种“我长大了，可以做一些决定了”的仪式感，让孩子为“小学生”这个身份感到骄傲而不是抵触。

家庭教育在幼小衔接中的作用是无可替代的。为了让孩子实现良性过渡，家长需要进行充足的准备，绝不能抱着交给幼儿园、学校就高枕无忧的心理。

案例三 “和谐”衔接，助力可持续发展

糖糖今年7岁，去年6月份从幼儿园毕业，9月份进入小学。糖糖妈妈常被身边的很多朋友问及，大班之后是如何跟女儿一起完成幼小衔接的。对此，糖糖妈妈很认真地告诉大家，幼小衔接不是从大班才开始的，而是从小班就开始衔接了。

糖糖妈妈认为，良好的开始是成功的一半，帮助孩子从小养成好习惯是至关重要的，到了大班再去培养孩子的习惯就晚了。

糖糖妈妈认为，无论哪个年龄段的孩子，他们首先要做的不是写字、学拼音、学英语，而是养成好习惯。我国著名教育家陈鹤琴先生认为“人类的动作十之八九是习惯”，而这种习惯大部分是在幼年养成的。因此，在孩子的幼年时代，家长应尤其注重孩子习惯的养成。

从小班起，糖糖每天按时休息，按时来幼儿园，没有特殊情况从不请假。爸爸妈妈每天都鼓励糖糖：“和小伙伴好好玩，认真跟着老师学本领。”还鼓励糖糖自己的事情自己做，自己穿衣吃饭，自己整理房间。从中班起，糖糖就养成了每天收拾自己房间的好习惯。

中班的时候，糖糖妈妈加大了和女儿的亲子阅读的力度，根据孩子的年龄特点适时选择了很多绘本，阅读不仅拓宽了糖糖的知识面，帮助糖糖养成了良好的阅读习惯，也提升了糖糖的专注力和表达能力。此外，阅读过程中糖糖还慢慢地认识了一些常见字。最重要的是，通过亲子阅读，母女两人成为了有共同语言的朋友。在阅读中，糖糖妈妈注意引起糖糖对汉字的好奇心，对于常用、常见的字，在读绘本的过程中稍加引导孩子就能记住了。她还会和糖糖玩组词游戏，激发糖糖的学习兴趣。

进入大班后，糖糖妈妈也没有急于让糖糖学习拼音，她认为不能给

孩子填鸭式的灌输，否则会让孩子失去学习的乐趣。

在数学方面，糖糖妈妈注重对孩子逻辑思维、空间思维的培养。她抓住日常生活中的教育契机，例如给孩子穿衣服时，和糖糖一起认识左边、右边；往篮子里摆放蔬菜时，告诉糖糖哪些蔬菜在篮子外面，哪些在篮子里面……在熟悉的生活场景中，糖糖获得了空间位置的直观感知经验。

糖糖妈妈也很用心地从书中学习了解到：孩子在入学适应方面表现出来的困难并不是单纯的学业问题，更多的是能力问题和社会适应问题。孩子对学习是否有兴趣、对生活是否有兴趣、生活是否有规律、在集体中是否合群，这几个方面往往影响其入学后的适应情况。所以，我们需要时时关注孩子在这些方面的发展，帮助孩子逐渐形成浓厚的学习兴趣、良好的行为习惯，增强其规则意识和遵守规则的能力、任务意识和完成任务的能力。

从幼儿园到小学，从小朋友到小学生，糖糖妈妈认为作为家长真的需要好好了解自己的孩子，了解孩子在入学后会面临哪些变化、应对哪些挑战。上学后的孩子会进入一个比幼儿园大很多的学校，环境变了，日常生活的内容变了，学习方式变了，交往对象变了，规则代替了自由成为一切活动的中心。孩子必须有良好的精神状态、足够的心理准备和较强的适应能力才有可能应对这些挑战，轻松而愉快地适应小学生活。家长要避免孩子陷入“未入学，先厌学”的状态。

进入小学后的糖糖，上课能够认真听讲、积极和老师互动，回到家中能够在妈妈的引导下认真地完成作业。一个学期结束后，老师和妈妈都欣慰地发现，糖糖的适应能力很快，愿意接受新知识，对学习充满了兴趣。

糖糖妈妈指出，不是非要让孩子赢在起跑线上，而是要考虑怎样让孩子“赢在终点线上”。作为家长，我们要用长远的眼光去培养孩子、看待孩子的成长。家长的思想高度和教育观念决定了孩子成长的真正起点。

>> 1. 把握孩子年龄特点，实现身心成长有效过渡

教育部《幼儿园教育指导纲要（试行）》指出要“从不同的角度促进幼儿情感、态度、能力、知识、技能等方面的发展”。案例三中的糖

糖妈妈在对糖糖的教育方法上无疑是正确的，注意在生活中培养孩子的作息、阅读、交往等好习惯。糖糖妈妈还是一位善于学习的智慧妈妈，有长远的眼光，用爱心和耐心培养孩子，和孩子共同成长。

《幼儿园教育指导纲要（试行）》强调“要避免只重知识和技能，忽略情感、社会性和实际能力的倾向”。成功的幼小衔接应包括多个方面的有效过渡，其中最主要的是身体和心理层面成长的有效过渡。“德智体美劳全面发展”这一目标几乎是人人皆知、耳熟能详的，但是在具体的育儿过程中，还是有不少家长不知道如何实现孩子的德智体美劳全面发展。

家长往往容易将幼儿学习局限于学业学习，与识字、算数、写作业、考试等学业活动联系起来。但是现代的学前教育学、儿童心理学、儿童发展理论以及学习科学等研究领域对幼儿学习有这样的共识：幼儿学习是幼儿通过自己特有的方式与周围环境互动的过程，是幼儿主动地探索周围社会环境、自然环境和物质环境的过程。

学龄前幼儿难以接受小学化的学习方式并非孩子的能力问题，而是这个阶段幼儿的年龄特点。家长要明白，强制性的知识灌输对于孩子好奇心和求知欲的发展是灾难性的。但是不灌输并不代表不引导，选择适合孩子年龄特点的学习方式，让孩子在愉悦的情绪下掌握知识，既避免了小学化的学习方式损伤孩子的学习积极性，又扩展了幼儿的知识面。例如，近年来“得阅读者得语文”已经成为很多人熟知的一句话。好的阅读习惯和阅读基础的确是可以让人受益一生的，越来越多的幼儿园开始重视幼儿阅读，早期阅读教育也已成为幼儿园语言教育的重要组成部分。家长可以选择更有趣味性的阅读方式来培养孩子良好的阅读习惯，提高孩子的阅读能力，帮助孩子掌握阅读的方法。为了方便孩子阅读，家长可以在孩子经常接触的地方摆放图书让孩子能随时翻阅，还可以准备可移动的图书车为孩子增添读书的乐趣。阅读并不是单纯的一页一页地讲故事，家长可以带孩子一起看图说话、自制绘本、拓展延伸、排图讲述、玩接龙游戏、进行故事表演等，这些活动会使阅读变得更丰富、更有趣。将阅读变成一种亲子游戏，可以让孩子在阅读中收获知识也收获乐趣，还有利于亲子关系的良性发展。

2. 让孩子在玩乐中健康成长

著名教育家陶行知先生曾主张让孩子在“学中做，做中学”，现代心理学实验也证明，玩乐对儿童的成长起到不可替代的重要作用。运动、游戏、绘画、听音乐等课余活动，都能起到帮助孩子成长的作用。

有不少孩子在年纪尚小时，便被父母送进各种学习班接受填鸭式教学。尽管学前和课后的强化巩固能够在一定程度上提升孩子的成绩，但过度学习却非常容易磨灭他们的天性。玩乐容易被父母视为洪水猛兽。事实上，适度玩乐能让孩子消除疲劳，孩子还可以通过玩乐锻炼肢体的灵活度，刺激大脑的发育，促进身体各个机能的发展，发现自己的兴趣和长处，进而形成健全的人格。

运动和游戏对于孩子来说是最好的“营养品”，不仅可以增强孩子的身体素质、提高免疫力，还能让孩子在玩耍中结识更多小伙伴，在交往和游戏中培养自己的团队精神和沟通能力。有的父母担心夏天日晒、春秋风吹、冬天寒冷，还担心小朋友之间的玩闹失了分寸出现意外，害怕孩子受伤、生病，故对孩子的室外活动加以诸多限制。但是越是过度保护，孩子就越是缺乏锻炼的机会，身体素质差不说，规避危险的能力也得不到锻炼，反而更容易受伤和生病；孩子一旦受伤或生病家长就会更小心翼翼，形成一个恶性循环。

音乐也是很多父母容易忽视的一个方面。有的父母觉得反正不打算让孩子走音乐这条道路，没有必要让孩子接触音乐；也有家长把音乐等同于考级，将音乐功利化，视之为孩子升入名校的砝码。其实，音乐最本质的作用是带来听觉享受的同时陶冶情操，直接影响人的情绪和行为。音乐还可提高神经的兴奋性，促进神经调节，使人分泌一些有益于健康的激素；可以增强记忆力、促进智力发展……家长应该创造机会让孩子接触音乐，感受音乐的美好，而不是忽视孩子对音乐的兴趣和需求，或一味地追求技法的提升，将享受变成一种任务和负担。

给孩子笔和纸，不要过多干预，不要灌输技巧，让他们充分释放自己的想象力和创造力，在看似随意的涂涂抹抹中，锻炼孩子手、眼、脑的协调能力。父母保护孩子的自由创作，而不过早地给孩子以绘画的规则，就是在保护孩子的想象力和创造力。对于成长中的孩子来说，想象力和创造力是比绘画技巧更重要的东西。

著名教育家陈鹤琴先生认为凡是孩子自己能做的，应该让他自己去做；凡是孩子自己能想的，应该让他自己想。家长不能只从自己的立场出发，想当然地认为孩子什么可以做，什么不可以做，应该蹲下身去，站在孩子的视角，遵循孩子在不同年龄阶段的已有经验和兴趣需要，鼓励孩子勇敢去尝试，不要因为自己的过度干预而让孩子形成依赖心理。过度的依赖会使孩子养成事事不上心的坏习惯，久而久之孩子的自我管理能力就会越来越差。这也是很多孩子在上了小学后经常会丢东西，作业总得依赖父母才能完成，甚至产生注意障碍的原因。

综上所述，不单单是幼小衔接阶段，在整个教育过程中家长都要做到以下两点：一是学会将眼光放长远，不要因追求短期效应而抹杀孩子全面发展的机会；二是学会“偷懒”，该放手的时候要逼自己放手，做一个既会引导也会放手的智慧家长。拥有能够做到这两点的父母是孩子的福气。

了解孩子

孩子的成长都是有规律的，在不同的成长阶段，无论是身体、心理还是智力，孩子各方面的发展都会有所不同。父母应该根据孩子的成长特点和规律选择合适的教育方式。

一、身体

学前阶段是幼儿身体发育的关键期，这一时期幼儿身心的健康发展是其他领域发展的前提和基础。发育良好的身体、强健的体质、协调的动作是幼儿身心健康的重要标志，也是其学习和发展的基础。

如果孩子过早开始学习写字，忽略小肌肉群的训练，反而会导致手腕定力不够，孩子上小学后可能出现手部疲劳、手无力、上臂肌力不足的情况，这将影响孩子的学习。

二、情绪

处于幼小衔接阶段的孩子已经能够正确理解他人的情绪状态，知道别人的喜怒哀乐；孩子情绪比较外露，而且容易受到外界人、事、物的影响。

当孩子保持积极愉悦的情绪时，学习效率会更高，人际关系也更和谐；消极情绪会使孩子对周围环境一直保持警惕，难以专心学习，对孩子的长远发展产生不利影响。

三、习惯

处于幼小衔接阶段的孩子自理能力和劳动能力明显提高，在生活自理方面更独立了。虽然还处于他律阶段，但是此时的孩子已经能在一定程度上做到自我约束了，这一阶段正是培养孩子良好生活习惯和学习习惯的关键期。他们能选择自己喜欢的、适合自己的衣服，能用筷子吃饭夹菜，也能不影响别人安静地入睡。学前教育阶段后期的儿童能将劳动与游戏分开，对劳动持有认真的态度。

好的生活习惯使孩子能保持良好的个体卫生和作息规律，得到充足的休息，更有利于身体健康成长。不良的生活习惯是很多疾病的导火线，例如没有饭前便后洗手习惯的孩子更容易患肠胃疾病，没有养成良好的坐姿习惯以及正确使用电子产品习惯的孩子更容易近视。

良好的生活习惯不仅影响孩子个体的身体素质，还会影响孩子的人际关系。拥有良好生活习惯的孩子更容易拥有和保持愉悦的心情，远离负面情绪健康成长，进而更容易结交朋友、更受欢迎。

此外，良好的生活习惯还能促进良好学习习惯的培养，因为好的学习习惯一定程度上依附于好的生活习惯。拥有良好生活习惯的孩子能保持饱满的精神状态，更好地投入到学习中，从而保证学习效率和效果。

四、语言

幼儿期是语言能力发展特别是口语能力发展的重要时期，幼儿语言能力的发展与其他领域相融合，并对其他领域的学习和发展产生重要的影响。学前教育阶段后期的孩子已经能够认真倾听并理解他人说的话。这一阶段的孩子有疑问时能主动提问，能比较清楚地讲述一件事情，能结合自己的理解和想法说出绘本中的主要情节。这一阶段的孩子的阅读兴趣也显著提高，具体表现在不仅对图书的阅读兴趣浓厚，能较长时间专心地看书，对内容有较强的理解能力，而且开始对文字产生兴趣。在日常生活中，孩子在广告招牌或电视中看到自己认识的汉字时会非常兴奋，认字识字的积极性非常高，还喜欢自己写字。

五、人际交往

幼儿与同伴交往的需求和能力有了进一步的发展。这个阶段的孩子有自己的好朋友，也喜欢结交新的朋友，愿意跟大家分享有趣的事情；能有礼貌地与朋友交往，关注别人的情绪和需要，愿意帮助别人。

这一时期，孩子的游戏能力与水平有了很大的发展，与同伴的合作能力也有了进步，会选择自己喜欢的玩伴，也能开展合作性游戏；在游戏中不仅能和同伴友好相处，还能与同伴分工合作，共同完成任务。孩子的活动水平也明显提高，在日常交往中能够协商解决问题，能主动表达自己的想法和需求，有主动与人交流和参与活动的热情与能力，自主性和主动性有了进一步的发展。

六、探究认知

这个年龄阶段的孩子对身边的事物充满好奇心，乐于动脑，喜欢提问；乐于动手，喜欢操作。这些品质有助于孩子对周围世界保持持续的探究欲望，是孩子在以后的学习过程中不怕困难、积极主动的原动力。

这一时期，孩子的创造欲望比较强烈。由于小肌肉运动技能的发展，此时的孩子操作物体的能力大大加强，更喜欢那些能满足他们想象力和创造欲望的多变性玩具，并能长时间专注地探索物体的多种操作。五六岁的儿童还对创编儿歌感兴趣，也常常想出别出心裁的玩法。

七、艺术发展

艺术是人感受美、表现美和创造美的重要形式，也是表达自己对周围世界的认识和情感态度的独特形式。每个孩子的内心都有一颗艺术的种子。与成人不同的是，幼儿拥有对事物的独特感受和理解，这个年龄阶段的孩子在进行艺术欣赏时，常常用自己独特的方式来表达自己的理解，愿意和别人分享交流自己喜爱的艺术作品和美感体验，能够积极参与到艺术活动中，能用多种工具、材料和不同的表现手法表达自己的感受和想象；在艺术活动中能与他人相互配合，也能独立表现。

八、数学认知

这一时期的孩子能发现事物简单的排列规律，并尝试创造新的排列规律；能发现生活中有许多问题都可以用数学的方法来解决；能在教师的指导下，尝试运用数数、排序、简单的统计和测量等数学方法解决生活和游戏中的问题，享受解决问题的乐趣。

实施指南

一、身体准备

家长要选择温度适宜的时间尽可能多地带孩子参加户外活动，保证孩子有充足的户外活动时间，让孩子有更多接触大自然以及与小伙伴玩耍的机会，锻炼孩子的环境适应能力和人际交往能力。

比起过早让孩子学习写字算数，家长更应该重视孩子的小肌肉群训练、手眼协调、手指操作及坐姿训练，例如多带孩子参加户外体育活动，提高孩子对头和躯干的控制能力及本体感觉能力；有意识地指导孩子自己穿衣、系鞋带等，促进孩子手部机能及手、眼、脑协调能力的发展。

家长可以在日常生活中鼓励孩子多走路、少坐车，并创造机会和条件，鼓励孩子走平衡木、打排球、投掷、踢毽子等，锻炼孩子的身体平衡能力、协调能力和动作灵活性。家长应让孩子通过运动和锻炼增强自身体质，保证孩子身体健康以避免因病缺勤。运动还有利于锻炼孩子不叫苦、不怕累的意志品质。

二、情绪调节

现实生活中，家长应该更加关注孩子的情绪，因为比起孩子学习的好坏，情绪蕴含的信息更多，对孩子的成长和发展也更重要。

家长要爱惜孩子的坦白和直率，不要因为孩子负面情绪的外露而生气甚至失控。家长自身要保持良好的情绪状态，以积极健康的情绪感染孩子。当然，在与孩子相处的过程中，家长也可以并且应该把自己的真实感受告诉孩子，不要在孩子面前过度抑制和伪装自己，而要与孩子分享心情，让孩子认识情绪也理解父母。

当孩子出现不合适的情绪宣泄方式时，家长要正确引导孩子，用游戏或者故事等孩子喜欢的方式，引导孩子学习健康的情绪表达和科学的情绪处理方式。

三、习惯养成

家长要根据孩子的具体情况巧妙、适当地加以奖惩，帮助孩子养成良好的生活习惯和学习习惯；要树立家校共育、家校合作的意识，让孩子在幼儿园养成的诸如自己取餐盘吃饭、自己喝水、自己如厕等良好习惯在家里也能得到延续；应适当放手，让孩子学会自己的事情自己做，并鼓励孩子参与到家务活动当中来；要引导孩子树立时间观念，以身作则、规律作息，让孩子在潜移默化中逐步调整一日作息，为上小学做好时间调整，以规律的作息习惯迎接小学生活。

四、倾听、表达和阅读

家长应该为孩子创设自由、宽松的语言交流环境，尊重和接纳孩子的表达方式，认真倾听、积极回应；鼓励和支持孩子与同伴一起交谈，讲述所见所闻、看过的书、动画片和听过的故事等，让孩子想说、敢说、喜欢说。

家长要为孩子提供丰富适宜的、富有童趣的低幼读物，经常和孩子一起看图书、讲故事，在生活情境和阅读活动中引导孩子自然而然地对文字产生兴趣。

五、规则意识

孩子升入小学后需要积极遵守校规、班规。具有一定的规则意识、自觉遵守各项活动规则，有利于孩子较快、较好地适应小学生活。家长可以在日常生活和亲子游戏中培养孩子的规则意识，例如共同制定游戏规则；引导孩子与同伴讨论、制定游戏和活动规则并自觉遵守，做到举手提问、轮流发言。发现孩子违反规则时，家长不要简单地批评和惩罚，而要耐心了解原因，积极引导。

六、任务意识

强化孩子的任务意识有利于增强孩子的专注力、坚持力、计划力，从而更好地胜任新的学习任务。家长可以有意识地让孩子参与需要一定专注力和坚持力才能完成的游戏和活动；鼓励孩子独立思考，为孩子提供充分的时间来思考和表达自己的观点；鼓励孩子独立完成任务，为孩子提供足够的操作时间和空间；鼓励孩子尝试有计划地安排自己的活动，如周末的活动或行程。

七、探究性思维

家长要保护孩子的好奇心和主动性，支持孩子持续探究。家长应接纳、鼓励孩子对新事物的观察、提问等探究行为，尊重孩子的奇思妙想，鼓励孩子分享自己的观点和发现；支持孩子进一步探究的想法和行动，并为其提供充足的时间和丰富的材料；支持孩子进行持续深入的探究，寻找问题的答案。

八、创造性思维

孩子们看似缺乏技术性的艺术表现往往蕴含着丰富的想象力和情感。家长要尊重和理解孩子的表达方式，不能用自己的审美标准去评判孩子，以免扼杀孩子的想象力和创造力；要让孩子接触适宜的、多样的艺术形式和作品，例如带孩子参观美术馆、博物馆，欣赏音乐剧，观看皮影戏，参与剪纸等艺术文化活动，与孩子一起唱歌、绘画、制作；要尊重孩子的表现和创造，在孩子表达和创作的过程中不凭自己的意愿去强加干预，尊重孩子的艺术表现想法，了解孩子的创作意图，倾听孩子的内心感受。

九、数学思维

家长应引导孩子尝试用数学的思维和方法发现和解决日常生活中的问题，如外出游玩时，对路过的车进行归类和计数；日常测量和记录家人身高和体重的变化等。家长可以在日常生活中结合具体事物让孩子感知大小、高矮、粗细等量的方面的特征，通过数数的方式比较物体的多少；也可以创设情景，如带孩子体验超市购物，让孩子参与支出计算和付款，帮助孩子体验运用数学方法解决实际问题的快乐。

孩子的成长是一个循序渐进的过程，家长应该给孩子充分的时间，切忌对孩子进行揠苗助长的培养。如果家长罔顾孩子的年龄特点，不遵循孩子的成长规律，对孩子提过高的要求，将扼杀孩子的天性，对孩子的成长产生不良的影响。

总之，父母要根据孩子不同成长阶段的心理特征和成长规律，采取正确的教育方式来引导孩子，使孩子在愉悦的情绪中学到知识，在轻松的氛围中养成好习惯，享受美好童年的同时快乐成长。

延伸拓展

阅读推荐

1.《让我们一起读懂孩子》(作者：兰海；出版单位：中央编译出版社)

推荐理由：本书作者兰海毕业于德国慕尼黑大学教育心理学系，基于自己的学习和实践经验，在对个人成长规律和心理研究的基础上，将西方先进教育理念与中国传统教育方法相融合，探索出兼具中西方教育特色的“新教育法”，推出了“无痕教育”、青少年“通识教育”、青少年拓展训练等教育项目。她引导家长积极面对孩子的成长，陪伴和带领无数孩子走上自信、快乐的成长之路。

兰海在这本书中提出两个观点：一是那些为考试谋职之类的目的而进行的训练不能说一无是处，但它们并不是成长的航标灯，一味给孩子灌输与考试有关的知识，一味追求每一次考试的胜利，用这种方式教养出来的孩子未必能在未来有强大的后劲。二是要想培养一个优秀的孩子，并非一味任其自由生长就能实现，教育的科学性和专业性是不可替代的。这两个观点与幼小衔接过程中部分家长易出现两个极端做法的现象是相呼应的。

相信家长在教育孩子中最希望达到的目标，是在保证孩子健康快乐成长的基础上培养孩子真实的能力。书中提到当父母具备了先进的教育理念、懂得了孩子的成长规律，然后思考和内化这些规律，就能选择合适的方法，为孩子创造相对美好的成长环境，对孩子成长过程中面临的问题做出及时、正确、有效的反应，给孩子提供真正良好的帮助和引导。

兰海将她的教育理念付诸实践并进行总结，对教育过程中的很多问题和细节都有非常真实生动的描述，并且给出了专业的点评。家长若能静心细读，必然会得到很多启发和帮助。

> >> 2.《幼小衔接——帮孩子轻松上小学》（作者：董旭花，李芳；出版单位：中国轻工业出版社）

推荐理由：本书从生活、学习、沟通三个方面阐述了家长应该如何帮助孩子顺利地度过幼小衔接阶段，进入小学。书中提到家长可以从四个方面判断孩子是否具备了入学的基本能力：

①孩子生活是否有条理，即孩子能否独立自主地安排好包括学习在内的基本生活起居而不需要大人过多的干预。

②孩子是否喜欢与他人交往，能否与同伴友好相处，交往能否合群。

③孩子是否有基本的规则意识，不论是在游戏中还是在学习活动中是否都能遵从活动规则，做错了也愿意改正。

④孩子是否对学习感兴趣，是否有好奇心和探究欲望，喜欢提问且做事专注。

本书围绕生活、学习、沟通三个方面，分析幼小衔接阶段的孩子通常会存在的问题和出现这些问题的原因，每一个篇章中都提供了很多对于家长来说切实可行的建议，每一个小章节中都有一个颇具代表性的事例，浅显易懂，很容易让家长产生共鸣。

> >> 3.《入学早知道——儿童入学必备的八种能力》（作者：钱志亮；出版单位：北京师范大学出版社）

推荐理由：本书选择了一个十分特别的切入点——让孩子有尊严地开始其学生生涯。作者将理论与实践相结合，从“儿童入学成熟水平”的概念入手，涉及生理学、心理学、教育学等多个领域，从视知觉能力、听知觉能力、运动协调能力、知觉转换能力、数学准备能力、语言沟通能力、社会适应能力、学习品质等八个方面对儿童入学成熟水平进行解析。书中包含作者多年的研究实践成果与教学经验，语言通俗易懂，训练策略便于操作，非常适合孩子正处于幼小衔接阶段的家长阅读。

> >> 4.《一个长上天的大苹果》（著者：[伊朗]哈菲兹·米拉弗特毕；插画：[德]苏珊娜·沃琪顿；出版单位：湖南少年儿童出版社）

推荐理由：在鲜花盛开的苹果树林中，一棵小苹果树正在大树的守护下长大。一天夜里，小树做了一个梦：它的枝丫上长出了一个全世界最大的苹果！而且，这个苹果还在继续长大，越长越大……不过，最大的就是最好的吗？

阅读本书可以帮助孩子学会给予与分享。大苹果谁都喜欢，但是当苹果树只顾自己、不顾他人、独占阳光时，哪怕得到了世界上最大的苹果，最终也不会快乐和幸福。在生活中，孩子们的“独占性”，往往让大人很是头疼。故事通过苹果树的一个梦，让孩子懂得那棵奉献花香、分享苹果的小树才是最开心的。

>>> 5.《孩子，你的名字叫幸福》(著者:[德]维尔纳·霍尔茨瓦特；插画:[德]亨宁·勒莱因；出版单位：花山文艺出版社)

推荐理由：很多家长会惧怕自己的孩子跟别的孩子不一样。“别人家的孩子”成为一些爸爸妈妈经常挂在嘴边的一句话：别人家的孩子能背诵多少首古诗；别人家的孩子能完成几以内的加减法；别人家的孩子参加什么比赛拿到了什么奖……其实，每个孩子都是不一样的，父母盲目的比较是孩子童年记忆中不快乐的最大来源。孩子与众不同的地方，就是他们最可爱的亮点。不要惧怕培养一个与众不同的孩子，而要坚定地和孩子站在一起，请他们接纳自己的信念与梦想，因为只有做好了自己才最幸福。作为家长最大的幸福不应该是培养出一个毫无个性的孩子，而应该是拥有一个幸福的孩子。

评估改进

一、自我评估

亲爱的家长，您好！您在日常生活中的实际情况与下面列出的表现是否相符？若相符，则选“是”；若不相符，则选“否”。

	是	否
1. 您是否跟孩子提过小学生活的相关话题？	□	□
2. 您是否对孩子的小学生活和学习有具体的规划并做了相关准备？		

□ □

3. 您是否有意识地培养孩子的生活自理能力，引导孩子自我照顾、自我管理，鼓励孩子自己处理与自己有关的各种问题？ □ □

4. 您是否为孩子提供了利于幼小衔接的环境？ □ □

5. 您是否认为幼小衔接阶段的家庭教育对孩子很重要？ □ □

6. 您的孩子是否有一定的阅读经验储备，喜欢看绘本听故事，有较好的理解能力，能理解绘本故事内容？ □ □

7. 您的孩子是否有较强的好奇心和探究欲望，会经常提出问题并主动寻求答案？ □ □

8. 您是否认为即使不报专门的幼小衔接班，不提前向孩子灌输小学知识，也能通过制定合理的目标，帮助孩子顺利完成幼小衔接？

□ □

9. 对于孩子升入小学这件事，您是否有足够的信心？ □ □

10. 您是否认为自己应对幼小衔接阶段有更多、更全面的认识，而非盲目乐观或随波逐流地听从商业机构的宣传？ □ □

【评估参考】

①若您选“是”越多，越说明您掌握了孩子的成长规律，采取了正确的教育方式来引导孩子，相信您的孩子会有一个轻松愉快的学习和成长氛围。

②若您选“否”越多，越说明您尚未掌握孩子这一阶段的特点，对孩子提了过高的要求，或忽视了孩子的健康发展。建议您认真学习本专题内容后进行改进。

二、改进计划

请父母根据孩子的具体情况为自己和孩子拟定一个改进计划。

第二专题　一知半解易厌学

“一知半解”形容知道得不全面，理解得不透彻。近年来，认知心理学研究显示，人能即时处理的认识信息有限，为避免过分操心或增加处理的效率，常用简略的认识方式或“信手拈来的法则”，处理有关人、事、物的信息。这是一种“认知吝啬鬼模式”，为求经济、省力而偷懒取巧，最终却可能带来对事物的一知半解。厌学是学生对学习的负面情绪表现。5～6岁的孩子，正处于幼小衔接阶段，他们对一切事物有着强烈的好奇心，喜欢求真探索。此阶段的孩子如能养成良好的学习品质，就会对自己的长远发展产生积极效应。国内一些研究机构分析认为，学习活动是学龄儿童的主导活动，在儿童社会化发展的进程中起着至关重要的作用，也是儿童获取知识和智慧的根本手段。然而，研究表明，在中国，因学习方法不恰当而造成的一知半解，让很多学生对学习不感兴趣，部分学生对学习表现出明显厌恶，仅有小部分学生真正对学习持积极态度。如此庞大的厌学群体，让我们震惊。作为儿童的第一任“教师”——父母，应如何把握关键期，培养孩子良好的学习品质？我们选取了三个典型案例，希望通过案例的呈现，让家长们在“照镜子、找问题、寻对策、善引导”中帮助孩子度过幼小衔接的关键期。

案例分析

案例一 盲目自信，“一知半解”危害深

小星是一个聪明的孩子，非常活泼好动。看到孩子聪明伶俐，小星的父母便望子成龙，在孩子大班的时候，就教授其小学一年级的知识。一开始，小星学得很轻松，一学就会。小星觉得自己聪明，学习不是什么难事，慢慢地，也就不把学习放在心上，加之好玩的天性让他对学知识三心二意，学东西时只知其然而不知其所以然。

然而小星的父母似乎并未意识到孩子的问题，依然不停地给孩子灌输小学知识。渐渐地，小星开始觉得学习不那么轻松了。一天，小星的妈妈又像平常一样，给小星布置了很多小学的数学题。小星很轻松地解决了前面几道简单的数学题，但越往后写，小星发现不会解的题目就越多，即使是之前妈妈讲解过的题目，小星似乎也有些记不起来了。妈妈只能再次进行讲解。小星只能被动地听，不能理解妈妈所讲之题的意思，有时看似听懂了，但过几天后还是一问三不知，更别提融会贯通、举一反三了。

这下妈妈着急了，认为自己之前过于放纵小星，才造成这样的局面，于是变本加厉地给孩子加习题。在题海战术中，小星感受到了学习的压力，久而久之产生了厌学的情绪。

这个案例告诉我们：知识无穷无尽，若学习只达到一知半解的状态，将严重影响知识的吸收效率

一个人处于不了解、不清楚的状态时，为了解决问题，他会很认真地学习，知道自己处于一知半解的状态时，也会努力寻找事情的真相。但现实生活中，许多人却处于一知半解的状态中而不自知，自认为很懂，却不知道自己在这种意识中，做了不正确的决定，结果付出了很严重的代价。

飞速发展的现代社会需要每个人都具有更丰富的知识与技能。一个人，只有更深入地学习、理解、领悟，才能清醒地认识世界、融入社会；只有正确地面对形势、面对现实，时刻反省自己的学习方式及方法，才能对社会、对自己、对他人的需要有更加深刻的认识。一个人对自己有了正确的认识，就会通过学习、思考、分析、积累不断完善、打磨自己的价值观体系，就会尽量避免做出不恰当的选择。现实中有许多人，盲目地接受一大堆的“资讯”，自以为“知识广博”，殊不知正是因为他们的“一知半解”“自以为是”，所以总是做出错误的判断，真正把自己和别人给害惨了！案例一中的小星就是典型的“盲目自信、自以为是”的孩子。在日常学习中，这类孩子往往有以下两个方面的问题：

一是学习、做事的专注力不持久。这类孩子有那么一点点的小聪明，但经常“聪明反被聪明误”。他们的接受能力较强，老师讲的知识一听就懂，可是他们的注意力持续时间较短，长的不到 20 分钟，短的才 5 分钟。因此，他们所接收的信息往往停留在最初的阶段，对信息内容一知半解，掌握的都是浅层次的内容，一做作业就会暴露问题：看题目好像都会做，但真正做起来却错漏百出，一些需要融会贯通的题目，更是无从下手。

二是一心多用，只图快捷。这类孩子大脑思维活跃，但做事情三心二意，只图快速地做完，而不深究如何把事情做得更好。如做手工作业千纸鹤时，这类孩子往往第一个完成，而且还喜欢去帮助别人，但在展示作品时，这类孩子制作的千纸鹤往往形状简陋、不精细，该对齐的未对齐、该粘牢的没粘牢，与其说是千纸鹤，不如说是一只“刚出生的雏鸟”。当老师要他们再折一遍时，他们却因为之前学习时一知半解、做事时三心二意，而不记得千纸鹤的折纸步骤了。

孩子出现类似的情况时，作为家长的我们不要过于紧张。幼儿期的孩子可塑性极强，在上小学前，家长可以通过以下方式，让孩子告别一知半解，形成专注这一良好的学习品质。

（一）通过游戏提升孩子的专注力

游戏是学龄前孩子最重要的学习方式。家长可以通过玩游戏的方式，训练孩子的专注力。

1. 谜底就在图书中

与孩子一起看绘本，让孩子说说绘本的名字、绘本里有什么人、发生了什么事；如果孩子还是不清楚故事内容，可以让孩子尝试自己一边看书一边说故事，请他们向家长提问题。这一部分主要是做阅读理解的训练，让孩子在学习专心说故事、看故事的过程中，理解其中的内容。

2. 猜物

把形状各异、材质不同的物品放在箱子中，请孩子去摸一摸并大胆猜测。向孩子提问：箱子里面是什么东西？它们都有哪些形状？每种形状的物品的数量是多少？它们是什么材质的？你是怎么知道的？然后打开箱子与孩子一起验证，让孩子体验游戏的快乐。

3. 走直线、走平衡木

要训练孩子的专注力，走直线是一个不错的方法。走直线是一个循序渐进的过程，在孩子走直线变得熟练后，可增加难度让孩子练习在平衡木上持物走，还可以在此基础上玩抛接球游戏。只有专注的孩子才有可能接到皮球，获得胜利。

4. 听音游戏

听音游戏可让孩子有更强的专注力。让孩子闭上双眼，家长可在其四周任意方位敲乐器，然后请孩子辨别声音的方位。还可以玩节奏游戏，父母打出一个节奏型，孩子就要重复相应的节奏型，或者打出与父母不同的节奏型。这类游戏有极强的趣味性，孩子会对此乐此不疲，专注力随之得到提升。

（二）给孩子营造有利于集中注意力的家庭氛围

在给孩子选择学习桌时，应选择造型简单的款式，避免购买花里胡哨的学习桌；书桌上只放与学习相关的材料，不要放置玩具等会影响孩子注意力的物品；学习用具如笔盒、铅笔、画笔、纸张等要款式简洁，颜色、功能单一，避免孩子将学习用具当作玩具玩耍。当孩子认真学习或专注于夹豆子、滴管实验等操作活动时，当孩子认真地做手工作业或饲养、观察小动物时，家长不要去打扰，让孩子有充足的时间去观察和思考，为孩子创设安静、舒适的学习环境。

（三）开展专注力的训练

>>> 1. 大声朗读

大声朗读是口、眼、脑互相协调的过程。每天抽出 5 ~ 10 分钟的时间，与孩子一起或让孩子独自大声朗读自己喜欢的故事、童谣、儿歌、散文等。在朗读时，鼓励孩子做到情感真挚、不读错、不中断。只要把这种训练坚持下去，孩子的专注力就会有所提升。

>>> 2. 智力训练

拼图、棋类、扑克等活动均需要高度的专注力，思维活跃、聪明的孩子都喜欢玩此类游戏，而竞赛性的活动能更充分地调动起他们的积极性。因此，父母要多让孩子参与此类训练，时间不宜过长，但必须每天坚持。

案例二 学习困难，“一知半解”误终身

晓琳是个内向的孩子，在父母面前总是表现得很乖，但她不善于表达自己的意愿，也不善于与别人沟通，学东西、做事情总比别人慢半拍。晓琳的父母看在眼里，急在心上。他们认为笨鸟先飞，就应该早些教授孩子知识，不能让晓琳输在起跑线上。于是晓琳的父母在晓琳读大班这个特殊的时期，开始教授她小学的知识。晓琳是个慢性子，学习知识有些吃力，同样的内容即便父母教了几遍，晓琳还是一知半解。父母崩溃了，为了省事，他们让晓琳根据题型背答案，让晓琳看到相应的题型就生搬硬套。

不久，晓琳迎来了小学生活。在一、二年级，这种生搬硬套的学习方法似乎很有效，遇到相同的题型，晓琳根据记忆填写答案就可以了，根本不去思考这些题目为何是这样的答案，对各知识点之间的关联并没

有深入思考，即表面上懂得，实际上却是一知半解。

三年级开始后，面对综合性较强的题型，晓琳开始茫然，不知道如何举一反三地解题，常常感到无从下手，成绩也一落千丈。父母并没有分析其中的原因，反而指责晓琳，埋怨她不动脑筋不努力。这些言语上的伤害对晓琳打击很大，慢慢地她开始不愿意上学，产生了厌学的情绪。此时晓琳的父母才意识到自己教育方式的不恰当及激进，悔之莫及。

5～6岁的孩子，心理素质还不稳定，心理承受能力有限。这一时期的孩子在学习中往往会面临一定的困难，案例二中的晓琳就遭遇了这种情况。作为父母，要了解孩子的身心特征，才能更好地对症下药、因材施教。

造成孩子学习困难并引发厌学情绪的因素一般有以下几点：

（一）学习技能发育障碍

学习技能发育障碍指儿童在学龄早期，在同等教育条件下，出现学习技能的获得与发展障碍。这类障碍不是由于智力发育迟缓，中枢神经系统疾病，视觉、听觉或情绪障碍所致，而多起源于认知功能缺陷，并以神经发育过程的生物学因素为基础，可继发或伴发行为或情绪障碍，但不是其直接后果。此状况尤以男孩多见，主要包括特定阅读障碍、特定拼写障碍和特定计算技能障碍。这些孩子的学习接受能力会比同龄的孩子“慢半拍”。如果父母不了解情况，一味按照其他孩子的情况来严格要求他们，这类孩子就会因为这方面的障碍难以达到父母的期望，久而久之对学习失去兴趣，继而产生厌学情绪。

（二）抗压、抗挫能力差

学龄前儿童心理机能尚在发育，心理状态较易波动，而学习是一种需要调动大脑能量，运用注意力、记忆、思维解决问题的过程。心理因素一旦影响大脑，就会影响到学习效果。虽然一些孩子有学习和探究的欲望，但毕竟学习不是一件容易的事情，需要艰辛地付出，而现在的孩子大多是生活在温室里的花朵，没有经过风吹雨打的磨炼，面对学习的压力可能无所适从。

（三）消极的评价引发学习困难

5～6岁的孩子，有着较强的探索欲望。这一时期的孩子渴望自己探索世界的活动能够得到大人的肯定和赞赏，哪怕父母一抹肯定的微笑、一次赞许的目光，孩子都会沉浸在成功的喜悦中。如果父母操之过急，过早地教授小学的知识，对孩子的期望过高，势必造成孩子因心理负担过大、精神过度紧张而对学习信心不足。若是父母喋喋不休、拿孩子与“别人家的孩子”相比，总对孩子做否定的评价，那么这些消极评价将使孩子处于极度的自卑当中，让孩子总认为自己一无是处、技不如人，继而产生畏学、厌学心理。

（四）不科学的学习方式

虽然学习是一项艰苦的任务，但家长只要用对方法，就能激起孩子学习的欲望，否则会适得其反。当一名学龄前的孩子处在学习内容过多、枯燥、缺乏趣味性的环境中，只会一味地死记硬背，不会融会贯通、一知半解，只知其然而不知其所以然时，就有可能产生畏学情绪，对学习感到倦怠、烦闷、兴趣丧失，学习时精神涣散，形成恶性循环。

案例三　激发兴趣，融会贯通益终身

小瑾是一名小学一年级的学生，兴趣广泛、积极好学、谦虚有礼，是人们眼中的“别人家的孩子”。大家纷纷思考，小瑾怎么能这么优秀？原来，小瑾的父母，很早就开始培养小瑾广泛的兴趣爱好了。

首先，小瑾的父母给孩子制定了一个合理的学习目标。他们不希望揠苗助长，根据小瑾的年龄特点制定目标，如2岁时，他们要求小瑾能自己吃饭；3岁时，若小瑾能自己穿脱衣服，他们就给一个吻作为奖励；4岁时，要求小瑾能独立阅读完一本绘本；5岁时，他们希望小瑾可以为自己一天的活动做计划，并按计划完成任务……这些目标的制定不是盲目的，而是根据小瑾的长处和不足来制定的稍加努力就能达到的目标，也就是维果斯基“最近发展区”理论启发我们的教育方法：制定合乎孩子发展水平的目标。

其次，培养孩子的自信心很重要。小瑾的父母非常善于寻找孩子的闪光点，完成一项手工作业、清洗自己的小手帕、取得一项家务劳动的成果、给弟弟妹妹朗读绘本等，在父母眼里，都是小瑾的“高光时刻”。对于这些进步的瞬间，小瑾的父母总是及时记录并给予小瑾鼓励，不断地提高孩子的自信心。

最后，父母要时刻保护孩子的探究欲望，不要让孩子处于一知半解的状态。每当小瑾带着问题去问父母的时候，父母都不是简单地将结论告诉小瑾，因为他们知道，告诉小瑾问题答案，远不如让孩子自己思考“为什么”来得重要。比如，当小瑾问他们：“积木和铁钉放在水面上，它们都会沉到水底吗？”父母的回答是：“宝贝，你可以自己去试试呀！”以此引导小瑾去试验、去思考，让孩子自己探索得出结论。又如，在和孩子阅读绘本时，妈妈会问小瑾：“如果你是白雪公主，你会吃掉老妇人递过来的苹果吗？你会怎么做？”这些开放性的问题，很好地激发了小瑾对事物的好奇心和探究欲望。

现代社会竞争激烈，但小瑾的父母并没有要求小瑾成为十全十美的人。对小瑾的教育方法，父母总是高度一致，即便有不同的教育理念，他们也不会在小瑾面前体现。正是父母教养观念的统一，让小瑾具有很强的是非观念，对学习也充满兴趣。

教育部《3～6岁儿童学习与发展指南》指出“要充分尊重和保护幼儿的好奇心和学习兴趣，帮助幼儿逐步养成积极主动、认真专注、不怕困难、敢于探究和尝试、乐于想象和创造等良好学习品质”，而这些品质的养成是一个潜移默化的过程。显而易见，案例三中小瑾父母的教养方式是成功的。他们为孩子制定合理的目标、善于寻找孩子的闪光点、懂得保护孩子的好奇心和探究欲望，不让孩子陷入一知半解的盲区中，让孩子爱上了学习，为孩子的终身发展打下了良好的基础。

《幼儿园教育指导纲要（试行）》强调要“引导幼儿对身边常见事物和现象的特点、变化规律产生兴趣和探究的欲望”。在现实生活中，孩子不会无缘无故拒绝学习。小瑾的父母正是熟读了《幼儿园教育指导纲要（试行）》《3～6岁儿童学习与发展指南》等育儿资料，以先进的教育理念指导自己的教育教养方式，才顺利完成了小瑾的幼小衔接工作。他们呵护孩子的好奇心，鼓励孩子以自己的角度、用自己的方式去观察世界，与孩子一起讨论、思考、验证，共同探索出答案；他们激发孩子的自信心，正面引导、鼓励，让孩子保持强烈的兴趣和学习欲望；他们创设良好的心理环境让孩子身心愉悦地参与学习……

综上种种，体现了一对睿智的父母的教养观念。正是这种开放、包容的教养方式，使小瑾的成长充满了快乐与自信，成为了令人羡慕的“别人家的孩子”。

了解孩子

每一位家长都希望自己的孩子是人中龙凤，能出人头地，但大部分的父母往往只会根据前人的经验去教养孩子，很少去观察自己的孩子，不知道不同年龄阶段的孩子需要怎样的教育。在此与家长朋友们分享5～6岁孩子的年龄特点，希望家长在了解孩子的基础上，掌握教育的技巧，避免对教育一知半解而造成孩子厌学。

一、求知欲望增强，但“学不得法”易“畏学”

5～6岁的孩子，即将进入小学，对周围事物有着强烈的求知欲，喜欢问为什么，喜欢做各种各样的小实验，喜欢摆弄各种新奇的小物件。与小班、中班的孩子相比，大班孩子的行为少了盲目性，多了计划性。他们的主动性更高，不再是父母身后的“小跟班”，开始有自己的想法和主张，但这些能力仅仅处于萌芽状态，如果父母这个时候就要求孩子进行大规模的系统性学习，孩子在学不得法的情况下，便容易产生畏学心理。此外，父母的急于求成，会不可避免地给孩子带来心理上的压力。心理学研究表明，一个人如果长期因为自己在某件事上的表现而被批评、被埋怨，他就不可能对该事物产生浓厚的兴趣。学习也是如此，一个孩子如果因为学习表现不尽如人意而长时间处于被批评、受指责的氛围中，得不到鼓励和赞扬，那么他的厌学情绪将会与日俱增。

二、概括分类能力逐渐增强，可完成适当难度的任务

5～6岁的孩子，能够根据事物的本质属性，按照客观事物的分类标准进行初步地概括分类，如他们能够根据物品的材质特征，区分纸制品、金属制品、塑料制品、木制品等。但受年龄、认识、思维能力等方面的制约，他们还不能掌握概念的准确含义，缺乏高层次概念所需要的、在概括基础上进行高一级抽象概括的能力。因此，在这个阶段，父母可以给孩子布置一些适当的有难度的学习任务，这些学习任务具有一定的挑战性，不仅有利于孩子积极思考，而且能进一步培养他们善于思考的能力。应注意不要给孩子灌输难度太大的小学的知识。若家长一味地强制孩子学习超出其当前发展阶段太多的知识，孩子会陷入学习困难的漩涡中，急于求成，最终造成一知半解，这样只会起到事倍功半的效果。

三、自我控制能力提高，可以逐步学习如何约束自己

大班的孩子，因其大脑额叶逐渐发展，神经纤维髓鞘化已完成，他们的神经系统与5岁前的幼儿相比已成熟许多，他们的自我控制能力显著提高，小肌肉动作更精细、大肌肉动作更协调，能为自我和他人服务，参与简单的家务劳动，同时，他们的规则意识、坚持性、自我约束力等也有了一定的提升。这一时期，家长可以考虑让孩子安静地坐下来，布置一些学习任务，尝试让孩子在学习活动中约束自己、遵守纪律，在规定的时间内完成学习任务。

四、合作能力有所加强，有利于培养“去自我中心化”思维

大班的孩子，不仅关注自己的活动，还对同伴的活动感兴趣。在日常对话中我们不难发现，大班的孩子在解决问题时更愿意与同伴合作，共同商量、讨论来解决问题，比如我们常常能在一些搭建活动中看到孩子们齐心协力、共同创造的成果。这说明他们的交往能力在逐步增强。他们如果有共同的兴趣或目标，就会主动地向同伴学习，一起讨论问题。

因此，父母可以让孩子多参加一些集体性学习活动，加强孩子与同伴的讨论、交流，扩大他们的交往范围。与此同时，父母也应多引导孩子听听别人的想法是什么，以培养他们的“去自我中心化”思维，让他们在实实在在的与别人相处的过程中学会合作，发展交往、协作能力，也为将来在小学的班级式学习做准备。

实施指南

造成孩子因一知半解而厌学的原因多种多样，家庭教育的失误是一个不容忽视的原因。家长应该从哪些方面入手，避免孩子一知半解，培养孩子良好的学习品质，让孩子融会贯通地学习，避免厌学情绪的产生呢？

一、营造宽松、舒适的生活和学习环境

《幼儿园教育指导纲要（试行）》强调，要“为幼儿的探究活动创造宽松的环境，让每个幼儿都有机会参与尝试，支持、鼓励他们大胆提出问题，发表不同意见，学会尊重别人的观点和经验”。温馨、和谐、舒适的生活和学习环境，能让幼儿消除焦虑，在愉悦的环境中全身心地投入学习。

（一）家长要以欣赏的态度去对待孩子

家长要善于发现孩子的闪光点，以宽容的心态去接纳孩子的个体差异，不要粗暴地将孩子与其他优秀的孩子进行比较，以免伤害孩子的自尊心。

（二）家长要重视言传身教

在辅导孩子学习时，即使孩子的表现偶尔会让家长很崩溃，家长也要保持良好的情绪状态，不乱发脾气，以积极、愉快的情绪感染孩子。

（三）家长要知道人无完人

孩子总会犯错误，在孩子做错事时家长不要大声呵斥，更不能打骂孩子，而应当冷静处理，真诚地与孩子谈心，了解孩子的想法后再进行正确引导。

（四）家长要学会帮助孩子疏导不良情绪

孩子发脾气时，家长不要用粗暴的手段强制孩子“恢复平静”，应允许孩子倾泻、排解自己的负面情绪，待他们平静后，再慢慢进行疏导，告知孩子要正确表达自己的情绪，大吵大闹解决不了问题。

二、呵护孩子的好奇心和探究行为

《幼儿园教育指导纲要（试行）》倡导：“要尽量创造条件让幼儿实际参加探究活动，使他们感受科学探究的过程和方法，体验发现的乐趣。”

好奇心是激发学习动力的源泉。家长要善于发现和保护孩子的好奇心，引导孩子通过观察、比较、操作、实验等方法，发现事物的一般规律、分析问题的原因所在，提高孩子探索和解决问题的能力。为此，家长可以为孩子提供一些有趣的探索工具，如放大镜、铲子、螺丝刀等，带领孩子走进大自然，和孩子一起发现大自然的一些奇妙的现象，如：蚂蚁为什么搬家？猫头鹰为什么睡觉时会睁一只眼、闭一只眼？壁虎断了尾巴，为什么还能再生？

家长还要以接纳、支持和鼓励的态度，呵护孩子的探究行为。家长可以和孩子一起做“变色游戏”“物体沉浮”“物体溶解”等小实验，引导孩子根据“猜想—操作—再猜想—验证”的形式探索问题的答案。实验过程中，家长要尽可能地提供一些可拆卸、多功能的玩具或物品，如小闹钟、计算器、废旧的手机等，引导孩子拆卸并观察这些物品的内部结构；观察结束后，鼓励孩子学会还原，做到有始有终。

三、引导孩子掌握正确的学习方法

家长要帮助孩子掌握正确的学习方法，引导孩子学知识不能一知半解，要掌握发现问题、分析问题和解决问题的能力，不但要知其然，还要知其所以然。

（一）支持、引导孩子用适宜的方法探究和解决问题

世界上没有绝对正确的学习方法，寻找适合自己的才最重要。若希望孩子对得到的知识有更深刻的理解，让孩子自己动手得到答案是首选之举：想知道小区里有多少盏路灯，可以让孩子自己去数一数并做好记录；想知道一百元能买多少块面包，可以带孩子去面包店让他们自己购买；想知道小鸡是怎样长大的，可以让孩子自己饲养一只小鸡，并做好每天的观察记录。

（二）鼓励和引导孩子做简单的学习计划

制订合理的学习计划，可以让孩子的学习有章可循。家长应切记不要让孩子做一些超出其本身能力的、空洞的计划，而应引导孩子根据自身的年龄特点和水平来制订。宜制订短期计划而忌长期计划，如今天我打算学习什么，每次学习要坚持多少分钟，今天要完成怎样的学习任务，等等。家长还要按时检验孩子是否履行了学习计划，完成的情况如何。如孩子能如期完成计划，家长应给予相应的奖励；如果不能完成计划，家长就要与孩子一起分析，是什么导致计划没有完成。若是计划难度太大，那么可以降低难度；如果是因为态度问题，没有认真按计划完成学习任务，那家长就要帮助孩子查找原因、端正态度，鼓励孩子今后要按自己制订的计划完成学习任务。

（三）支持孩子与同伴合作探究与分享交流

每个孩子都是独一无二的个体，都有自身的闪光点。与好的同伴同行，能让孩子与对方互相学习、共同促进。作为家长，应鼓励孩子与同伴合作探索与分享交流，让他们在探索中找到新的学习方法，在交流中分享自己的新发现。

四、帮助提升抗压、抗挫折的能力

日新月异的现代社会生活节奏加快，竞争也日渐激烈。身处其中，没

有人不面临压力、没有人不面对挫折。作为家长，要帮助孩子提高应对挫折的能力。父母要明确地告知孩子：“你是人而不是神，在成长的过程中，遇到挫折是非常正常的。一次小实验的失败、一项手工作业的失误或一次小测试的失利，不代表自己就一无是处。遇到挫折不能一蹶不振，更不能自暴自弃，而应该大胆面对、勇敢向前。要学会冷静地分析失败的原因，确保今后遇到类似的事情时不再犯同样的错误，才能成为最好的自己。”

五、避免过度保护和包办代替，培养意志力

《3～6岁儿童学习与发展指南》指出：“幼儿身心发育尚未成熟，需要成人的精心呵护和照顾，但不宜过度保护和包办代替，以免剥夺幼儿自主学习的机会。”培养良好的意志品质有助于他们消解厌学情绪。研究表明，厌学的孩子大多都有畏难情绪，对成人有依赖心理；面对有难度的学习，这些孩子更希望得到成人的帮助，久而久之就会养成过度依赖的不良习惯，并且可能会严重阻碍自己积极性、主动性、独立性的发展。因此，家长要矫正孩子的这种习惯，让孩子自己的事情尽量自己做，即便没有达到成人的预期，也要给予孩子一定的指导与鼓励，帮助孩子树立自信心。另外，家长要采取逐步减少帮助的办法，鼓励孩子尝试挑战有一定难度的任务，并注意调整难度，培养孩子的意志力，让孩子感受经过努力获得的成就感。

延伸拓展

推荐书目

> >> 1.《如何走出厌学的误区》（作者：金忠明，周辉；出版单位：华东师范大学出版社）

推荐理由：本书主要介绍了引起厌学的原因，指导家长如何引导孩子走出厌学、爱上学习。在本书的指导下，家长也可以知道如何让孩子

从义务学变成想要学、从被迫学变成主动学、从冷淡学变成热爱学。读完这本书，家长可以知道如何让孩子打心底爱上读书。

》》 2.《厌学一定有对策》（作者：潘凤云；出版单位：吉林大学出版社）

推荐理由：本书综合分析了孩子厌学的十大因素，系统地阐述了纠正厌学倾向的对策，是家长的一大法宝。

》》 3.《与厌学孩子的心灵对话》（作者：张丽珊；出版单位：中国轻工业出版社）

推荐理由：2006 年，张丽珊在《中国青年报》上开设“与厌学学生心灵对话”系列专栏。本书将该专栏内容集结成册，并加以延伸和扩充。孩子厌学的原因复杂而多样，每一个问题的背后都交织着孩子们各自成长过程中的独特因素。作者以咨询手记的方式行文谋篇，精选了最具代表性的案例，记录自己陪伴 17 位学生走出厌学状态的经历，力争基本涵盖孩子厌学的各个维度的成因，并以线性的分析阐述相应的解决对策，以期探究如何优化学生的心理环境，科学引导学生的求学生涯。

》》 4.《儿童青少年教育心理学：孩子厌学怎么办？》（作者：韦志中，周治琼；出版单位：西苑出版社）

推荐理由：本书涵盖儿童至青少年的各个年龄段，涉及各类厌学案例，深入分析厌学原因，直击厌学症结所在，令广大家长得以快速找到相似情况的解决方式，扭转不恰当的教育理念，架起父母、老师与孩子之间沟通的桥梁，帮助厌学的孩子爱上学习，助力孩子成长。

》》 5.《破解厌学的魔咒》（作者：杨大宇；出版单位：重庆出版社）

推荐理由：本书是作者多年重点中学教学与教育培训的心得精华所在，书中深层次地解析了孩子厌学的原因，并对症下药，思维导图、有氧信息、乐趣配方等新颖有效的解决方案轮番上阵、全面出击，破解孩子厌学的魔咒，让孩子真正爱上学习。

〉》 6.《同桌的阿达》（文/图：[日]武田美穗；出版单位：二十一世纪出版社）

推荐理由：本书的内容完全出自作者武田美穗自己的生活经验，书中的阿达便是她刚上小学时同桌的那个小男生。因为是对自己童年经验的描写，所以本书格外贴近儿童的心理，也别具一番生活的趣味。对成人来说，读完这本书，也许你会对孩子不想上学有了更深刻的了解，甚至还会勾起你对童年时代那个“阿达”的记忆。阿达的关切，以他的方式表达出来，在美穗眼中便成为凶巴巴的恶劣行为。人与人之间关系的微妙、对相处的不同感受，在本书中生动贴切而又含蓄地表现了出来，实在值得细细品味。

本书最大的特色在于第一人称及倒叙的叙事手法。对读者而言，阅读此书时就像现场聆听作者娓娓道来一般，临场感十足，而画面利用留白与满图的切割方式，让读者能够清楚地厘清主角的陈述与第一现场的区别，十分特别。

〉》 7.《巴巴爸爸的学校》（作者：[法]安娜特·缇森，[法]德鲁斯·泰勒；出版单位：接力出版社）

推荐理由：本书讲述了巴巴爸爸办了一所学校，在这里每个孩子都能根据自己的喜好来选择上不同的课程，学画画、做陶瓷、打橄榄球……

每个孩子都有自己的特点和爱好，爸爸妈妈和老师只有根据孩子的不同情况来因材施教，才能培养出优秀的孩子。

〉》 8.《疯狂小学》系列（著者：阿德蜗等；插画：任华斌等；出版单位：河北少年儿童出版社）

推荐理由：有这样一套绘本，专治深度厌学症。它不说教、不唠叨，而是用疯狂的插画、疯狂的故事、疯狂的想象力、爆笑的校园童话，给你不一样的教学新智慧。它就是《疯狂小学》，是台湾“好书大家读”少儿读物奖获奖作品。

> >> 9.《小魔怪要上学》(著者:[法]玛丽·阿涅丝·高德哈;插画:[法]大卫·派金斯;出版单位:上海文化出版社)

推荐理由:小魔怪是食人魔的孩子,可是它和父母不同,它不喜欢吃人,它羡慕人类的小孩子有那么多游戏的方法,有那么多玩耍的快乐。有一天,它捡到了一本书,决定要去上学,“破译”书中的秘密。从小魔怪上学这天起,一切都改变了:当它学会阅读、念书上的故事时,食人魔爸爸和妈妈都被吸引过来了,最后不但小魔怪每天可以吃到香喷喷的水果蛋糕,连小魔怪的同学和食人魔爸爸妈妈也全都变成好朋友了呢!这本书适合两种人看:一是不爱读书的孩子,父母可以通过小魔怪上学的故事来激励他们;一是不爱读书的大人,希望他们读了这个故事后,能多空出一些时间陪孩子阅读。

> >> 10.《我太小,我不能上学》(作者:[英]罗伦·乔尔德;出版单位:接力出版社)

推荐理由:经典绘本《我太小,我不能上学》告诉孩子上学是多么快乐的一件事,引导孩子爱上学。

> >> 11.《玛蒂娜去上学》(著者:[比]吉贝尔·德莱雅;插画:[比]马塞尔·马里耶;出版单位:湖北美术出版社)

推荐理由:《玛蒂娜去上学》是《玛蒂娜故事书》系列中的一本。在这本书中,玛蒂娜来到学校,除了学数学、写字、阅读,还可以做手工、唱歌和玩耍,最重要的是,她还能交很多新朋友呢!

> >> 12.《不一样的上学日》(著者:[英]柯林·麦克诺顿;插画:[日]喜多村惠;出版单位:二十一世纪出版社)

推荐理由:本书的主人公没有自己的名字,只是叫“平常的男孩”。这个平常的男孩,像平常一样去上学,却遇见了一位不平常的新老师。这个看起来有点“不正常”的老师让孩子听一段音乐,然后把自己的感受写下来。神奇的事情发生了:同样的音乐,孩子们听出了不一样的感受。

》》 13.《在教室说错了没关系》（著者：[日]莳田晋治；插画：[日]长谷川知子；出版单位：青岛出版社）

推荐理由：“在教室说错了没关系”，一句看似轻松的话，在孩子看来需要很大的勇气。不禁想起小时候，当老师问问题时，经常纠结是大胆地举手发言，还是畏缩一团低头不敢说话。作者用自然不造作的语气告诉孩子们该怎么做：“别害怕说错，别笑别人说错。尽管安心地举手，尽管安心地表达吧。”表达自我是一种自信和勇气，聆听他人说话是一种礼貌和素养。

评估改进

一、自我评估

（一）孩子测试题

亲爱的家长，您好！为了测试孩子是否存在厌学情绪，请根据孩子在生活中的实际情况做出选择。若相符，则选“是”；若不相符，则选“否”。

	是	否
1. 孩子对学习一点兴趣也没有。	□	□
2. 孩子是迫于形势才不得不学习的。	□	□
3. 孩子一学习就觉得没劲。	□	□
4. 孩子认为学习是一件苦差事，而且没什么用处。	□	□
5. 孩子学习只是为了父母。	□	□
6. 孩子一上课就无精打采。	□	□
7. 上课时老师讲的内容孩子总是似懂非懂。	□	□
8. 孩子讨厌写作业。	□	□
9. 孩子上学经常迟到、早退。	□	□
10. 孩子和老师、同学的关系比较紧张。	□	□

11. 孩子上课注意力不集中，常常走神，经常做一些与学习无关的事。 □ □

12. 孩子一拿起书本就感到头疼。 □ □

【评估参考】

每题选“是”记1分，选“否”记0分，将各题得分相加，即得孩子的总分。1～4分，说明孩子有轻微的厌学情绪；5～8分，说明孩子有中等程度的厌学情绪；9～12分，说明孩子有严重的厌学情绪，需要及时求助心理医生。

（二）父母测试题

亲爱的家长，您好！您在日常生活中的实际情况与下面列出的表现是否相符？若相符，则选“是”；若不相符，则选“否”。

是 否

1. 您是否每天都恨不得孩子利用全部的空余时间学习，生怕他浪费宝贵时间？ □ □

2. 您是否时常留意网络或宣传小手册，寻找自认为适合孩子的兴趣班甚至盲目报班？ □ □

3. 您是否整天提心吊胆、度日如年，一听到孩子没完成当天的学习任务就忍不住发脾气？ □ □

4. 您是否情绪不稳定，有时比平常更严厉，说话偏激；有时比平常更亲切，连自己都觉得不自然？ □ □

5. 您是否听到某小学要开始招生报名了便坐立不安，觉得压力比孩子还大，却要装作若无其事？ □ □

6. 您是否有各种各样的担心？担心孩子上小学后跟不上进度，担心孩子营养不够，担心孩子在这个时期会生病…… □ □

7. 您是否无论干什么，心都挂在孩子那边，坐卧不宁，心悸、心慌，希望孩子快快走过幼小衔接的阶段？ □ □

8. 您是否一想到孩子要上小学了，就莫名其妙地抑郁、痛苦、难过，不想做任何事？ □ □

【评估参考】

每题选“是”记1分，选“否”记0分，将各题得分相加，即得家长的总分。如果得4分以上，您就要警惕了，这说明您已经处在对于孩子幼小衔接的焦虑之中，要及时调整自己的心态，避免给孩子太大的压力。

二、改进计划

各位家长朋友，如果您的孩子出现了厌学情绪，请您务必根据本文的内容，结合孩子的实际情况，制订一个改进计划。计划可以从以下几个方面制订：

1. 制订谈心计划。厌学的孩子往往因为不爱学习而受到成人的指责和同伴的嘲笑。为了孩子的身心健康和长远发展，家长要心平气和地与孩子谈心、交心，通过阅读绘本、学习案例等帮助孩子了解厌学的危害，本着循序渐进的原则，动之以情，晓之以理。

2. 制订激发孩子好奇心和探究欲望的行动计划。好奇心是激发学习动力的源泉。家长要放下身段，制订详细的计划，引导孩子通过观察、比较、操作、实验等方法，发现事物的一般规律、分析问题的原因所在，提高孩子探索和解决问题的能力。

3. 制订良好学习与生活习惯的养成计划。培养孩子良好的意志品质有助于他们消解厌学情绪。家长要矫正孩子过度依赖成人、不愿自己动手的习惯，让孩子自己的事情尽量自己做，帮助孩子树立自信心；要鼓励孩子尝试挑战有一定难度的任务，并注意调整难度，培养孩子的意志力，让孩子感受通过努力做成一件事而获得的成就感。

下面请您结合实际，写出自己的改进计划，并逐项完成。

第三专题　任务意识早培养

任务意识是孩子社会化过程中的重要方面，是幼小衔接工作的重要内容，培养良好的任务意识有助于孩子更好地适应小学生活。接下来，让我们一起陪着孩子做好入学的准备。

任务意识对很多家长而言并不陌生，就是理解并记住别人交代的事情然后努力去完成。学龄前孩子需要在家长和教师的带动下培养任务意识，产生有目的地完成某项任务的愿望。孩子上小学后，有的家长发现自己的孩子活动目的明确，能够控制自己的行为、努力克服困难、做事有始有终，不需要成人过多的提醒，就能在规定的时间内顺利完成任务，学习效率较高并能取得较好的学习效果；有的家长则发现自己的孩子上课无法专心听讲，不知道今天老师布置了什么作业，听不懂教师指令，不能管理自己的物品，常常丢三落四，对小学严格的纪律和学习任务感到漠然、胆怯、畏惧，有的还出现厌学的情绪和行为。后一种情况下，家长会感到不安和焦虑。

孩子的入学表现与家长对任务意识培养的重视程度、培养的时机和方法有着密切的关系。本次专题，我们就一起来探讨，家长在培养任务意识方面能为孩子提供哪些帮助，有哪些实用的方法可以引导和强化孩子的任务意识。

案例分析

案例一 任务意识，培养缺失麻烦大

今天有朋友要来家里做客，可可妈妈看着乱七八糟的房间，决定整理一下房间。客厅的沙发、茶几和地面上几乎被可可的各种玩具和书占领，这样的状况也不是一天两天了。往常，面对东一堆、西一堆的玩具，可可妈妈也想动手收拾，但每次收拾完第二天就又乱了，反复几次可可妈妈索性就放任不管了。长此以往，客厅和沙发几乎没有落脚和落座的地方了。可可妈妈也明白，混乱的环境对孩子的成长不利，于是借此机会，妈妈对正在看动画片的可可说："可可，客厅到处都是你的玩具。现在你赶紧收拾一下，今天有叔叔阿姨来家里做客。"可孩子就像没听到似的，目不转睛地看着电视。这已经不是第一次了，每次让孩子收拾东西，孩子总是不在意，到头来还是妈妈帮可可把玩具收拾好。这回，妈妈想可可都已经上小学了，总是不收拾自己的东西，玩具、衣服、图书到处丢，做事情也总是有头无尾，上小学3周水壶丢了6个，校服也丢了几件。更让妈妈感到头疼的是每天回来问孩子有没有作业，孩子总一脸茫然，可见根本就没听懂老师布置的作业是怎么一回事。第二天上学，经常交不上作业，孩子跟老师说："昨天妈妈没提醒我，我忘记了……"这些状况让妈妈担心不已。妈妈想，再这样下去可不行，于是走过去把电视机关掉，面部严肃，声音略带生气地说："在你把所有的东西整理干净之前，电视就别看了。"可可很无奈地从沙发上滚了下来，趴在地上开始收拾玩具。可可把几块磁力片放进了箱子里，突然发现在箱子旁边有一个带轮子的汽车底座，上面还坐着个小人，他便拿起几块磁力片拼搭起了小汽车房子……

过了一会儿，妈妈从厨房走出来，看到客厅依然是乱七八糟的，可可却在沙发的角落玩磁力片的搭建游戏，无奈地长叹了一口气："可可小朋友，收拾完了你再玩。收拾一下你的东西就这么困难吗？"可可依然

没有把妈妈的话听进去，只顾着继续拼搭，不过还是说了一句："妈妈，我只是想到一个拼卡车的好办法而已。等会儿我拼好了再收拾吧。"妈妈无可奈何，她知道这个"等会儿"又是没有下文了。

案例一中的可可妈妈的烦恼相信是不少父母也会遇到的。我们让孩子做的事情虽然很简单，但似乎总是效果不佳。孩子在小学后有这样的变化跟"任务意识"太薄弱有关。可可妈妈总认为孩子年纪还小，不愿意做的事情就不做了，于是最后总是自己代劳。从小就在"包办"或"半包办"式教养的环境下成长，可可自然会觉得记住任务、完成任务是父母的事情，主观上没有形成必须完成任务的意识。正是家长这种错误的想法，导致孩子独立性和责任心比较弱。任务意识薄弱或缺失在幼儿园阶段的影响没那么明显，但是随着年龄增长，孩子进入小学，开始正式的学习生活后，任务意识薄弱必然会造成各种不利后果，如上述案例中的可可，常忘记或遗漏老师布置的任务；上课不专心听讲，不听从老师指令；对严格的纪律无法适应。这样的孩子容易对学习出现畏难心理，有些甚至出现厌学情绪。爸爸妈妈如果在学龄前不重视对孩子任务意识的培养，将来就需要花更多的时间和精力来处理和解决孩子的麻烦事。

>>> 1. 家长的固有观念是孩子任务意识薄弱的重要原因之一

在教育孩子的过程中，家长普遍存在"中心围绕""重智轻能"的现象。现在很多家庭，孩子是中心，父母甚至上辈人围着孩子转是一种常态。以孩子为中心容易造成对孩子的娇宠溺爱，包办代替，什么事情都舍不得孩子做，担心孩子受委屈，对孩子过分"宽容"……父母过多地包办子女事务，干涉和阻止孩子在家做一些事。包办代替造成孩子缺少锻炼的机会，独立能力的丧失，一旦离开"保护圈"则束手无策。有的父母总认为孩子小时候管好吃喝拉撒的事情就行了，自己工作繁忙、压力大，没有时间和精力再关注孩子其他方面的问题；有的隔代的照顾者认为孩子还小，等长大一些自然就好了；有的幼儿园教师认为培养任务意识是小学老师的事情，自己不用管。可见，孩子成长的"重要他人"在生活自理能力、任务意识的培养上存在缺失。

2. 孩子自身的生理和心理原因决定了任务意识需要进行培养

好奇、好问、好动、好模仿是学龄前孩子的显著特征，但他们在生理、心理方面发育不够成熟，对外界环境缺乏适应性，自控能力差，能力又有限，所以没有办法控制自己的行为。同时，注意力和倾听能力的欠缺，也会导致孩子在记任务、完成任务时出现“开小差”的情况。另外，孩子的独立意识快速发展，要求独立活动、成为活动主人的愿望日益强烈，但由于知识经验贫乏、活动能力有限，这一阶段的孩子还不能很好地控制、掌握自己的行为，做事往往有始无终，缺乏恒心。学龄前晚期的孩子虽然在感知觉、思维、注意、记忆、想象等方面都有了一定的发展，但他们对外界的新异刺激还缺乏准备，反应极不稳定，对环境的变化也缺乏适应性，这容易导致孩子精神紧张，不知所措。孩子在这个阶段需要家长的帮助，培养起自己完成任务的意识和能力。

3. 家长任务意识培养方法的缺失导致孩子任务意识培养效果差

有关研究发现，幼儿的任务意识基本上处于朦胧状态。研究者通过故事讨论法、家园合作创设任务情境法、创设困难情境法以及引导幼儿抗外部干扰法等方法培养幼儿的任务意识，实验半年后再次测查，发现幼儿的任务意识有非常显著的提高，这说明幼儿的任务意识需要通过一定的教育方法加以培养。然而，现实情况是家长对培养孩子的任务意识缺少认知，不太可能关注到培养方法。部分家长常常随性地处理培养孩子的任务意识的问题，不理解、不配合老师的工作，不仅不能协作引导孩子完成老师布置的任务，而且还给孩子传递错误的想法，给孩子带来消极的负面示范，必然会导致孩子任务意识的培养效果不好。

针对上述原因，家长应该采取积极主动的应对措施，从转变自身观念、学习培养的方法、密切协同共育做起，在孩子真正进入小学学习阶段前提高孩子的任务意识。

1. 在家庭教育中转变观念主动培养孩子的任务意识

一个孩子的成长，离不开家庭的教育，养育孩子更是一门技术活。家长需要与时俱进，不断更新观念，掌握科学育儿的方法，认识到“中心围绕”“重智轻能”的做法会对孩子的成长带来不利的影响。我们要转变家庭教育的思想观念，提高家庭教育意识。孩子任务意识的培养不是一天两天就能完成的事。家长要保持足够的耐心，每天坚持让孩子自己的事情自己做，摒弃包办孩子的生活和学习的做法；在隔代教养的家庭，家长需要和爷爷奶奶等隔代照顾者沟通好，达成一致的教养观念。家长应通过家庭教育，逐步培养孩子的独立性、责任心、时间观念等，慢慢地形成孩子的任务意识，帮助孩子更好地适应下一个阶段的学习和生活。

2. 在培养任务意识中掌握培养的方法

家长要注意在日常生活的细节中培养孩子的任务意识。在孩子4～6岁时期，家长可以口头布置一些任务，如让孩子自己摆放鞋子、取拿物品等；孩子上幼儿园后，对于教师口头布置的任务，如带物品来园或其他需家长协助的任务，家长要有意识地配合，帮助幼儿完成任务。刚开始时，孩子有可能会忘记，但随着口头布置任务的增多，孩子得到锻炼，对任务的意识和记忆将加强，遗忘任务的情况也会逐渐减少，呈现良好的发展态势。同时，在平时布置任务时应注意训练孩子的注意力和倾听能力，并且让他们学会抓住话语的重点。家长可以有意锻炼孩子从一堆话里挑出关键要素的能力，若孩子年龄还小，家长应提供更多的引导示范，用比较清楚简洁的语言进行表达。

在幼儿园的劳动活动中，教师可以给孩子分派不同的活儿，让他们明白任务内容，并要求认真完成；在自理活动中，要求孩子自己的事自己做，帮助他们树立独立完成任务的意识；利用节假日的特殊性，给他们布置不同的任务，例如，三八妇女节前，要求孩子给妈妈做一件事、说一句话，并向家长了解幼儿的完成情况；五一劳动节前，让孩子回家了解父母的工作内容，之后在同学们面前讲述；教师节前，让孩子回家后将想对老师说的话用文字和绘画等形式表现出来。

培养孩子的任务意识的过程中，刚开始时需要注意尽量提供安静、没有干扰因素的环境，布置简单的任务，让孩子在规定的时间内完成，然后逐步提高任务的复杂程度。随着任务难度的加深，自控力发挥的作用也会越来越大，因此在这个过程中也要不断提高孩子的自控能力。此外，家长、教师等教养者应和孩子讨论“为什么必须自己记下任务，要怎么记下来，若没有把自己的任务记下来会出现什么样的麻烦，自己打算怎么完成”这些问题。引导孩子从小事做起，对自己的事情要学会独立去做、负起自己的责任，这是非常重要的。

3. 在家园共育中密切配合，协同养育

有调查发现，幼小衔接阶段的孩子在生活和学习方式上对家长和教师的依赖程度高。许多孩子在家和在幼儿园会表现出截然不同的两面。一些家长在养育孩子的过程中，会发现孩子在幼儿园能做的事情，回到家里却不会做或者拒绝做了，其中以吃饭和穿衣穿鞋问题最为常见。孩子在幼儿园大多能自觉地坐在座位上自己吃饭，可一旦回到家里，往往让家长很头疼：孩子不愿意自己吃饭，不能安静地坐在位置上吃，喜欢在家里到处跑或者边玩边吃。对此情况，有些家长不但不阻止，还会哄着孩子，只希望孩子能多吃一点；有些家长为了让孩子坐得住，干脆手机、电视齐上阵吸引孩子注意力。在幼儿园孩子能自己的事情自己做，穿衣、穿鞋自己来，尽管动作可能会有点笨拙甚至很慢，但是孩子还是能自己完成；在家里，孩子却往往不能自己完成生活自理的任务。

是什么原因导致孩子行为出现反差？我们认为主要有以下几个方面的原因。一方面，多数教师都注重对孩子能力的培养，给孩子营造自己的事情自己做的氛围。另外，在孩子心目中老师是权威，很多家长都感到老师讲的话比家长管用，老师的言行举止都对孩子产生着巨大的影响。家长常常发现孩子会将老师的指令当作必须执行的任务并非常努力地去完成，目的就是为了得到老师的一个微笑或者老师的一句肯定。但是在家里，一些家长完全以孩子为中心，经常不愿或者不敢放手，总是代替孩子做他们本应该自己完成的事情；也有家长总是自以为是，任何事情都要求孩子按照自己的想法进行；还有家长总是喜欢命令、干预、制止、中断，甚至是批评和训斥正在专心做事情的孩子，很多时候不是在解决问题，而是在对自己的孩子发泄情绪。这些做法势必会造成孩子在家与在幼儿园行为之间的巨大的反差。因此，家长和老师要密切配合、协同共育才能有好的培养效果。对于幼儿园老师布置的任务和作业，家长应该积极配合，引导孩子按时按质完成，要让孩子从小就理解完成任务的和必要性。家长对待任务随意或敷衍

的态度可能会传递到孩子心里，以后再想让他们规规矩矩地完成老师或家长布置的任务，就会很困难。

家长对培养任务意识的认知需要经历一个从无到有的过程。只要我们转变观念、科学培育，注重在孩子日常的生活、学习和劳动中培养孩子的任务意识，潜移默化、长期坚持，做到早重视、早发现、早培养，孩子就能更快地适应小学生活。

案例二 任务意识，早培养好处多

幼儿园毕业后，潘潘和好朋友多多进了同一所小学，成为了同学。进入小学后的第一个暑假，潘潘妈妈和多多妈妈相约带孩子们来一次亲子野餐。野餐时，孩子们在一旁开心地玩耍，潘潘妈妈却满面愁容，不停地向多多妈妈诉苦。潘潘和多多上幼儿园时在同一个班，但是没想到上了小学后，两个孩子的差距却越来越大。

刚开学两个月，潘潘的语文课本就找不到了。一个学期快过去了，每天放学潘潘妈妈都需要和老师确认当天的课后作业，因为潘潘总会忘记某一科作业；潘潘在写作业的时候，潘潘妈妈也必须得一直守着，不然潘潘写到10点也不会写完。

而多多每天晚上睡觉前都会把自己的书包再整理一下，不会丢三落四，更不用妈妈帮忙；每天的课后作业，她都会认真抄写到自己的备忘录里；回到家，不需要妈妈提醒，也不用妈妈在旁边监督，她自己就能在晚饭前完成作业。

多多从幼儿园升到小学后，多多妈妈并没有像包括潘潘妈妈在内的大部分家长一样，因为孩子在学业、环境等方面的不适应而忙得焦头烂额，而是和孩子一起，顺利、无碍地实现了幼小衔接的过渡，原因之一就是多多妈妈从多多小班开始就重视对孩子任务意识的培养。

记得多多刚入幼儿园时，多多妈妈会把多多的衣服分类放进收纳袋里。能在家长的帮助下分类收纳衣服的孩子不在少数，但是多多是班里仅有的一个能自己把衣服叠好放进收纳袋的孩子，且小班一年过去，她几乎没丢过衣服，也没和别人搞混过。每次老师要帮多多穿衣服，都会被多多拒绝："老师，我自己穿。"多多妈妈从小就培养孩子自己独立穿脱衣的任务意识，让孩子从小养成良好的物品管理习惯。教师节那天早上，多多进入班级后，没有将书包放进书包柜里，而是打开书包，从包里拿出了三张卡片送给三位老师，每张卡片上面都写着："老师，您辛苦了。"送卡片的同时，还不忘说一句："老师，节日快乐。"收到卡片的老师们很惊喜，因为大部分孩子是在家长的陪同下给老师送祝福，但是多多的妈妈却坚持让孩子独立承担送祝福的任务。多多上大班时，班里开展了阅读节的系列活动，其中一项便是让家长带领孩子参与"21天打卡阅读"活动。其他孩子都是在家长的提醒下开始每晚的阅读，只有多多，她让妈妈设置闹钟，每当闹钟响起，便自己选择一本喜欢的绘本，和爸爸妈妈一起阅读……

多多妈妈从孩子小班起就有意识地培养孩子的适应能力和任务意识，明确孩子的活动目的、严格监督孩子的时间管理、鼓励孩子不放弃……正是这样的从小培养和点滴坚持，才使得多多能平稳顺利地度过幼小衔接阶段。

任务意识的培养不是一朝一夕、一蹴而就的，靠的是长期的坚持，对此家长应采用适宜的方式尽早进行培养。为什么要尽早培养幼儿的任务意识？

1. 任务意识的培养是一项长期的工程

在《3～6岁儿童学习与发展指南》（以下简称《指南》）的社会领域部分的人际交往项目中列出了4个目标，其中幼儿任务意识的发展目标如下表所示：

年龄段	培养目标	培养建议
3～4岁	喜欢承担一些小任务	鼓励幼儿尝试有一定难度的任务，并注意调整难度，让他感受经过努力获得的成就感
4～5岁	敢于尝试有一定难度的活动和任务	
5～6岁	主动承担任务，遇到困难能够坚持而不轻易求助	

同时,《指南》的社会领域部分中社会适应目标 2 的教育建议也指出成人要“经常给幼儿分配一些力所能及的任务，要求他完成并及时给予表扬，培养他的责任感和认真负责的态度”。

> >> 2. 尽早培养任务意识是孩子自身发展的需要

心理学研究表明，学龄前孩子面临着学习和社会性适应两大方面的挑战，其中，对于即将入学的孩子来说，社会性适应的能力尤为重要。任务意识是孩子在社会性适应过程中的一个很重要的方面，影响着孩子自我意识、自信心的形成，同时，幼儿期是孩子良好习惯养成的关键期，抓住关键期培养，往往能事半功倍。好习惯，早养成，益终身。孩子从小培养良好的任务意识，之后面对任务时就能更加自如地处理，这不但能让孩子顺利地适应小学生活，对孩子的终身发展也大有益处。对于即将入学的学龄前儿童来说，尽早树立一定的任务意识，可以摆脱对成人的依赖，在心理上将学习和自由玩耍分开。

> >> 3. 尽早培养任务意识能让孩子跨入小学后不慌忙

小学生活和幼儿园生活有很多不同之处，家长若对小学和幼儿园的不同了解不多，将可能导致孩子跨入小学后慌慌忙忙、不能适应小学生活，家长自己面对问题时也可能会无所适从、措手不及。许多家长都想知道小学和幼儿园之间到底有哪些不一样，下面让我们一起来了解一下。

①作息的时间不同

在幼儿园阶段，孩子在园的作息要求相对小学较为宽松。虽然幼儿园鼓励孩子每天按时入园，但一般不会强制规定入园时间，因此家长在孩子没有学业的压力、园方没有硬性要求的情况下，送孩子入园的时间可以比较随意。而小学一般有自己的规章制度，通常要求孩子早上 7 点 50 分之前必须到校，做 10 分钟课前的准备，8 点准时上课。

②上厕所的要求不同

幼儿园孩子一般按需上洗手间，而上了小学的孩子有了一定的自控能力，校方通常要求孩子在课间解决如厕问题，上课时间无特殊情况不上厕所。

③午休的不同

幼儿园孩子一般都在园内用完午餐后午休，小学生中午放学后一般回家吃饭和午休。

④学习方式的转变

幼儿园以游戏为基本的学习方式，一天的学习内容主要是游戏，学习的方式、时间相对灵活多样，氛围较为宽松。小学每天至少安排 3 ～ 4 小时学习课程，一般每节课 40 分钟，以系统的知识学习为主，每节课有具体的学习目标和任务，有相对较严格的课堂纪律要求。

⑤交往环境的变化

幼儿园一般有多位老师，负责孩子每天在园生活的方方面面，若孩子遇到困难能及时帮助。小学老师通常上完课就离开教室，课间的时间一般由孩子自我管理，不再是所有事情都在老师的视线范围内，孩子面临的社会关系结构有了较大变化。

⑥教学的内容不同

幼儿园的教学活动以游戏为主，强调幼儿学习的操作性和体验性，主张在游戏中学；学习的内容较为生活化，也不要求孩子形成特别严格的知识体系。小学则必须要按照教育部发布的课程标准去教学，要有目的、有计划；大量的文字、数字、符号逐步替代图片，学习内容量和难度加大。

根据以上所述，幼儿园和小学有着本质的不同。为了能让孩子更好地过渡，适应入学之后的生活，孩子要有自我管理的能力、有完成任务的意识和责任心。这些素质并不能在短时间内就培养起来，需要一个长期的过程，在家园协同早培养之下才能实现。因此，尽早培养学龄前孩子的任务意识的重要性更加凸显。那么，家长应如何尽早培养，帮助孩子建立任务意识？

> >> 1. 帮助孩子养成规律且有序的生活习惯

家长应从孩子小时候起就在生活的点滴小事中培养孩子的秩序感。以午睡为例，1 ~ 3 岁的孩子午睡时，家长帮孩子脱下衣服后，可以告诉他们“脱好的衣服放在脚边，鞋子并拢摆在床脚”，孩子便知道，鞋子和衣服不能乱放，而是有固定位置的；到了 3 岁，孩子渐渐学会了穿脱衣裤，这时，家长不仅要教会孩子将鞋子、衣服放在指定位置上，还要让他们知道，午睡和起床时先脱（穿）什么，再脱（穿）什么最方便；到了四五岁，孩子穿脱衣服已经比较灵活时，家长可继续增添要求，如走入寝室（或走出寝室）第一件事该做什么、然后做什么、最后做什么。经过一段时间的指导后，孩子就会形成关于入睡（起床）的秩序感。

> >> 2. 创设有序的环境

有序的生活环境包括有序的时间和空间安排。时间上要有规律的作息。空间上要将孩子的物品摆放在固定的位置上，一旦定下之后，就不要轻易变动，给孩子留下固定的印象；如果有改变，要及时告诉孩子。那些丢三落四的孩子尤其需要这方面的练习。家长可以让孩子负责管理一些简单事物，这种责任感会推动他们成长，有助于促进孩子秩序感的发展。

> >> 3. 良好生活规律的养成要从生活中的点滴开始

培养孩子的生活规律时不能只是家长教孩子做，还要通过和孩子多多交流，循循善诱，引导孩子建立自己认可的生活规律。如孩子刚从户外活动回来时，往往兴奋不已，说说闹闹，不知该做什么事情。对此家长可以和孩子讨论：进入室内应该做哪些事情？哪件先做，哪件后做？为什么？孩子经过思考后，会知道按一定的次序做事情，既节约时间又方便，而节约下来的时间还可以做好玩的事情。由于这个生活规律是孩子自己认可的，在执行这个要求时，孩子就会比较顺从。

> >> 4. 入学准备期间，要帮助孩子做好作息的调整

白天有充沛的精力是孩子在小学学习的重要保证，家长应让孩子在晚上尽可能按时入睡，以保证孩子睡眠充分，能做到早睡早起。在此基

础上，家长可以和孩子一起商议并制作一个作息时间表，标出平时和周末的作息时间，假期时还可以制作假期时间表，把时间表贴在墙上，让孩子可以随时看到。没有特殊情况的话不要轻易打乱时间表，让孩子逐渐培养时间观念和按时作息的习惯。根据时间表，孩子会逐步调整其生活节奏和生物钟。刚开始执行的时候，孩子可能会不习惯，家长要有耐心和恒心，不能操之过急，执行一两周后就可以见到效果。

5. 尽早培养孩子接受和完成任务的意识

家长向孩子布置的任务，可以从一句话的小任务开始逐步过渡到孩子专属的长期任务，例如：父母在一日生活中，可以时不时交给孩子一些力所能及的事，让孩子独立完成，如传达口讯、取拿物品等；当孩子能够很好地完成一句话的小任务时，家长可逐步引导孩子选择一项难度适中、活动量适宜的家务，作为孩子专属的长期小任务，例如负责给家里的小植物浇水、给小鱼喂食、饭前擦桌子、饭后收碗筷等。孩子完成任务后，家长要及时认可和鼓励，以此来激发孩子的积极性和责任心。长期坚持下来，孩子就可以形成良好的行为习惯，学会主动承担并完成任务。布置的任务切勿过于枯燥，家长可通过设计趣味性的小任务，提高孩子完成任务的主动性。在孩子接受任务后，家长可以通过询问来关注孩子是否清楚地记得自己认领的任务内容；一段时间后观察孩子是否能够按时、主动完成任务，做事是否认真负责。家长应给予孩子在完成任务过程中独自克服困难、解决问题的机会。

孩子形成了一定的任务意识后，怎样才能让孩子更加高效地完成各项任务呢？这对孩子和家长都提出了要求。对于孩子，首先必须要听清、理解交代的任务，其次要记住需完成的任务；对于家长，应该通过口头叙述任务等方式，帮助孩子加强对任务的倾听、理解和记忆。

6. 尽早培养孩子自己的事情自己做的良好习惯

家长可以让孩子从整理自己的物品开始，将孩子的常用物品放置到一个固定的位置，引导孩子学习收拾整理自己的物品，将自己的玩具、文具、图书等分类摆放整理，提升孩子的自我服务能力之后，家长可提出更多的要求，如鼓励孩子坚持每天自己整理床铺、拿碗筷和收拾餐盘，完成力所能及的家务劳动，让孩子懂得自己的事情需要自己做。这些活动对培养孩子的任务意识有积极的促进作用。即使孩子刚开始做得不够好，家长也不要急于指正；看到孩子的进步，家长应表达认可，激发孩子的积极性和热情。“学习是自己的事”，这是家长在孩子进入小学前应该帮他们建立的意识。因此，培养孩子的任务意识是幼小衔接中的重要组成部分。针对孩子容易忘事的特点，家长可以采用记录的方式帮助孩子养成记任务的习惯，使孩子对任务的无意记忆逐步向有意记忆过渡。

7. 尽早培养孩子倾听的能力

首先，家长要让孩子了解倾听的礼仪，包括：倾听时，眼睛看着对方；别人说话时，不随意插嘴、打断；讨论时把对方的话听完整后再发表意见；学会控制自己的表达欲，让大家都有表达的机会。其次，家长要培养孩子倾听的习惯。一方面，教给孩子一些倾听的方法，如带着问题听，听最主要的部分或重点部分，听、记、说相结合。另一方面，创设倾听的机会与环境，如让孩子经常有机会在家庭中表达自己的想法，积极参与家庭成员间的交流，学习倾听；让孩子听清任务并尝试完成，如“到隔壁阿姨家问问，今天燃气公司来抄过燃气表了吗”；经常做些“传话”“找话语中的错误”等小游戏，让孩子学会仔细地听，并鼓励孩子在倾听时积极思考，提升倾听的能力。最后，家长要学会赏识孩子并给予及时的表扬。如果您善于发现孩子的进步，并及时给予积极的评价，如“你听得这么认真，对我真有礼貌”“这么一点小区别都被你找出来了，你好棒”……就能满足孩子被肯定的需要，并激励他们保持这种良好的倾听习惯。一句赞扬、一个微笑，都能收到明显的教育效果。另外，倾听还与任务意识、规则意识、参与活动的主动性、独立生活的能力等方面息息相关，所以，家长要结合这些方面对孩子进行综合培养。

8. 尽早帮助孩子建立时间概念

时间对于孩子来说是一个非常抽象的概念，孩子对于时间的理解和认知是随着年龄的增长逐渐建立起来的，孩子的时间管理能力同样是随着年龄的增长逐渐形成的。

① 0～3 岁，孩子建立时间印象的关键期

对于 0～3 岁的孩子来说，一切都是未知的，认识外部世界是他们的主要任务。这个阶段的孩子语言组织能力刚刚形成，还不具备理解抽象事物的能力，所以跟他们讲时间管理还为时过早。但是这个阶段的孩子会全盘吸收他们所看到和听到的信息，当然也包括跟时间有关的信息，比如说家人睡懒觉、拖拉或不守时等表现，都会进入孩子的脑海里形成孩子关于时间的印象。尽管孩子对时间的初始印象并不直接影响时间管理能力的形成，但因为孩子在这个阶段特别容易模仿家长的行为习惯，家长对时间的安排会直接影响孩子在将来养成什么样的安排时间的习惯，所以家长要尽量避免把自己拖拉磨蹭的坏习惯带给孩子。

② 3～4 岁，孩子的时间概念朦朦胧胧

此时的孩子没有时间的概念，基本以生活板块来感受时间的变化。他们对一天时间的感知依赖于一连串的生活场景—— 起床、吃饭、上幼儿园、回家、睡觉……所以，家长和孩子对话时，一般要使用孩子的时间坐标，比如“孩子，睡好午觉下午我们就出去玩了”，而尽量不说“下午 4 点我们出去玩”，因为这个年龄段的孩子还没有时间点的概念。

③ 4～5 岁，孩子有初步的时间概念

家长要通过有规律的生活让孩子潜移默化地感受时间，比如每天早晨 7 点起床，7 点 30 分吃早饭，8 点上幼儿园；晚上 6 点 30 分吃晚饭，8 点讲故事，8 点 30 分睡觉。日复一日，帮助孩子养成有规律的生活习惯，并且不要轻易地打破。对于年幼的孩子来说，规律生活的建立意味着他们在不断地感受和把控时间的秩序，这对孩子今后养成条理清晰、计划性强的思维习惯会有很大的帮助。

④ 5～6 岁，孩子的时间概念越来越清晰

进入大班后，老师会带领孩子一起认识时钟，了解在幼儿园的这段时间里，不同的时间点需要进行的各类活动。老师会在教室里摆放孩子喜欢的卡通时钟，吸引孩子自主地了解时间。大班孩子对时间的敏感性大大提高，他们不仅认识了时钟，而且会主动通过时钟来验证

自己对时间的预断是否正确。因此，这一阶段的孩子是有时间概念的，并且孩子对时间的预断将随着年龄的增长变得越来越精准。

在孩子养成了有规律的生活习惯后，家长可以在周末和假期引导孩子做自己的一日生活计划，学着自己安排时间。家长要告诉孩子，上了小学后，每天起床、吃饭、睡觉的时间仍然需要和上幼儿园时一样保持固定，但其余的时间安排可以一起商量、讨论，这时家长应更多地尊重和听取孩子合理的想法。时间计划表一旦确定，就要贴在家中的醒目位置，严格执行。尤其家长要以身作则，不要因为自己懒怠而延误了孩子的起床或入睡时间。如果在假期安排了旅行活动，实在没办法按照计划表的时间安排，那就提前跟孩子约定好，在旅行回来后的几天内逐渐调整回原来的时间安排。

案例三　任务意识，培养得当效果好

周末，奇奇一家大扫除。妈妈请奇奇帮忙，对奇奇说："奇奇，你帮助妈妈把厨房的抹布拿到卫生间来，然后把我洗好的拖把拿给爸爸，最后把你自己的玩具收拾到柜子里。"奇奇答应着就来到了卫生间，把拖把拿出来递给爸爸，之后就去收拾自己的玩具了。

如果你是奇奇的妈妈，看到奇奇忘记了一个任务，你该怎么引导呢？是直接代他完成，还是指引他自己完成任务呢?

处理方法一。妈妈自言自语道："能做好两个任务已经很不错了，我还是自己来吧。以后不提这么多任务了。"于是自己去厨房把抹布拿去洗了。

处理方法二。妈妈等奇奇收拾完自己的玩具后，问奇奇："你还记得妈妈刚才都布置了哪些任务吗？"奇奇说："我都做了呀。"妈妈说："那你再重复一遍。"奇奇说："给爸爸拿拖把，自己收拾玩具。"妈妈问："再想想，还有别的吗？"奇奇想了想说："还有拿抹布。"说完笑嘻嘻地拿了抹布给妈妈，妈妈好好地夸了奇奇一顿。

孩子任务意识的发展可分为四个阶段。第一个阶段为 1 ～ 3 岁，此时孩子的任务意识处于感知萌芽的阶段，孩子的注意以无意注意为主，其行为以无意行为为主，常常随性而动，行为无计划、行动无目的，容易受到干扰。常见的表现有：拿到东西喜欢乱丢、玩玩具时总在不断变换玩具等。第二个阶段为孩子上小班、中班的这段时间，此时孩子的自理能力逐步增强，任务意识逐步发展。孩子的自我意识觉醒，开始关注自己的行为，能完成一些小任务。第三个阶段为大班上学期的这段时间，这一阶段是孩子任务意识快速发展的阶段，孩子的自控能力快速发展。“上小学”这个字眼开始因成人的输入而频繁地出现在孩子的生活里。幼儿园老师会针对本班级的实际情况，设计以游戏为主的幼小衔接课程，如老师口头给孩子布置一些亲子任务，包括和家长一起做调查、制订活动计划等。第四个阶段为大班下学期的这段时间，此时孩子的任务意识进入稳定期，大部分孩子有一定的自控能力。幼儿园会根据孩子的需要，通过游戏活动强化对孩子任务意识的培养；老师通常每周给孩子布置一个回家完成的小任务，如画画、折纸或孩子力所能及的其他事情，以小任务的形式锻炼孩子记忆任务并将其完成的能力，这些安排对于孩子进入小学完成作业方面会起到一个良好的促进作用。

培养幼儿的任务意识，需要家长注意结合自己家孩子的年龄特征和自身特点来进行规划，因时制宜，针对孩子的实际生活进行情景模拟。家长应该思考哪些任务应该由孩子来完成，并制定相对清晰的任务内容，如对于已经上大班的孩子来说，家长要指导孩子学习正确铺床以及叠被子的方法；可以经常让孩子自己整理自己的小书包；去上幼儿园的时候，让孩子自己拿着小书包……这些都可以让孩子变得更加地独立。此外，经常让孩子自己整理学习时使用的桌子或者是让孩子自己吃饭等都可以很好地培养孩子的任务意识。在闲暇时，家长可以和孩子一起做家务，还要多锻炼孩子的语言组织能力，这对以后有很多好处。

奇奇对任务不太敏感，因此遗漏了一项任务。“处理方法一”中，妈妈见到奇奇没有完成，不是引导他完成，而是自己替奇奇做完，并决定以后减少奇奇的任务量，这种做法显然不利于奇奇任务意识的培养。“处理方法二”中，妈妈引导奇奇一步步想起自己遗漏的任务，这会让奇奇对这次的疏漏印象深刻，从而避免再次出现这样的情况，之后会对自己应该完成的任务越来越敏感。可见用对培养任务意识的方法，效果会更好。

培养任务意识的方法有很多，如何根据孩子的特点使用恰当的方法，以达到好的培养效果，这是很多家长都想知道的。下面让我们一起来了解一下。

1. 在家务劳动中培养孩子的任务意识

家长不要小瞧家务劳动中蕴含的教育价值，鼓励孩子坚持每天自己整理床铺、拿碗筷和收拾饭桌，每天整理自己的玩具及学习用品，参与力所能及的家务劳动，能教会孩子自己的事情需要自己做，这对培养幼儿的任务意识有促进作用。

① 玩具宝宝回家

玩具是孩子每天都会接触的东西。有些孩子在幼儿园知道遵守规则，知道玩具玩完了要放回原处，可是一到家就全忘了，随心所欲地把玩具摆得到处都是。每次孩子玩完玩具了，家长都要有意识地提醒孩子："自己的玩具要自己收好。"当孩子把玩具收好的时候，家长要记得及时给予表扬或鼓励，并且告诉孩子："你马上就要成为一名小学生了，已经是大孩子了，以后要学着自己的事情自己做。"

② 收纳小达人

家长还可以教孩子整理自己的生活用品，比如有的家长会常带孩子外出游玩，这时不妨准备一个儿童行李箱，让孩子自己收拾自己的行李。家长可以向孩子简单介绍旅游目的地的气候情况和自然条件，还可以告诉孩子这趟旅行要外出几天，提醒孩子应该带几件衣服，等等，让孩子根据这些基本情况，自己判断最想带的和应该带的东西有哪些，然后就可以自己收拾行李了。在孩子将行李装进行李箱的时候，家长不要干涉和帮忙，尽量让孩子自己发挥。当孩子收拾完毕，家长可以帮忙检查一下行李，看看有没有漏掉重要的物品，或带了过多无关的物品，家长可以用提示的方式，让孩子对物品进行调整。

③ 家务小帮手

教会孩子在家里帮助家长做家务也是一个不错的方法。比如，每天起床的时候，可以先让孩子看着妈妈叠被子、整理床铺，几天之后，让孩子自己试着整理自己的床铺。再如，可以规定做饭是妈妈的任务，洗碗是爸爸的任务，而拿碗筷和收拾桌子是孩子的任务，等等。

2. 在亲子游戏中有效地培养孩子的任务意识

① 打电话

游戏玩法：利用孩子的玩具电话或者家长的手机，假装给孩子打电话，在电话中对孩子说一句话，这句话中包含 6～8 个语言信息，请孩子按照这句话里的信息来完成一项任务，如“请你对妈妈说：把爸爸放在书房柜子里右侧的一本英语书装到爸爸棕色的书包里”，这句话里包含的语言信息有对妈妈说、爸爸、书房、柜子里、右侧、英语书、棕色、书包。

游戏解读：幼儿任务意识的形成离不开记忆能力和语言理解能力的培养，这个游戏看似是一个传话游戏，实际上能够考察和锻炼孩子的记忆能力。其实，这个游戏就是针对一些由于记忆力或语言理解能力较弱而导致任务意识薄弱的孩子设计的。家长可以根据孩子的情况增加或减少一句话中的语言信息的数量，循序渐进地进行练习。

② 新闻联播

游戏玩法：利用孩子每天晚间活动的时间，家长当听众，孩子当播音员，播报当天发生的趣事。家长还可以和孩子共同制作一个模拟的电视屏幕，让孩子坐在屏幕后面播报会更加激发他们的兴趣。

游戏解读：这个游戏通过为孩子创设一个富有趣味性和操作性的游戏情境，可以调动孩子自我表现的欲望、增强孩子自信心、提高孩子完成任务的积极性和主动性。当孩子明白了这是每天回家必玩的游戏，而且乐于玩时，那么他们就会更加有意识地观察身边发生的事情，并记在心中，想着晚上和爸爸妈妈分享，这就培养了他们的任务意识。

3. 在日常活动中注意培养孩子的任务意识

如在卫生活动中，分组进行，刚好 5 组，每天由一组担任值日生工作，老师设置6张孩子可以饭后自由选择的工作卡片（擦桌子、扫地、整理图书等），让他们明白自己的任务内容，并去认真完成；在自理活动中，要求孩子自己的事自己做，给他们树立独立完成任务的意识；可以利用节假日的特殊性给孩子布置不同的任务，例如：三八妇女节前要求孩子给妈妈做一件事、说一句话，五一劳动节前让孩子回家了解父母工作内容并在集体面前讲述；教师节前让孩子将想对老师说的话回家后用文字和绘画等形式表现出来，带给老师看，并将画面内容讲给老师听。在这一系列的活动中，孩子的任务意识将明显增强。

4. 在角色扮演中加强孩子的任务意识

在角色扮演游戏中，对角色的扮演会使孩子进一步明确自己的任务。家长要努力给孩子创造好的环境，使他们身临其境，全然忘记这只是“扮演”，这样一来，孩子会真的融入角色。而他们越融入角色，越对角色有认同感，就越愿意主动去完成这样那样的任务，他们会在游戏中更投入，他们会觉得，这是自己应该做的，要把它做好。例如，一个在游戏中扮演餐厅服务员的孩子，工作很忙，需要不断提醒自己去完成许多工作，在做事情的同时，孩子的任务意识也会逐步加强。在区角游戏中也是如此，经常可以看到有的孩子这个区角玩玩，那个区角玩玩，结果一件事也没做成，这样的孩子一般任务意识较差。要想加强他们的任务意识，首先，要让他们明确自己所在区角的活动，并感受同一区角别的孩子认真完成活动的行为；其次，如果他们想换区角游戏，应该要求他们完成所在区角的活动后再去别的区角；最后，要及时对他们的行为给予评价，加强他们的任务意识。

5. 在阅读绘本、观看动画中培养孩子的任务意识

幼小衔接阶段的孩子对于“任务”一词概念模糊，要让他们知道，任务就是承担自己该做的事，并认真地完成它。为此，家长可以通过和孩子一起读绘本、看动画片等形式有意识地进行渗透，帮助孩子建立任务的概念，如动画片《爱探险的朵拉》《超级飞侠》等，每一集都在讲述主人公完成任务的过程，家长可以有意识地引导孩子感受主人公顽强、勇敢的品格，体验圆满完成任务的成就感。

了解孩子

家长都希望自己的孩子是一个有任务意识的孩子。有些父母宁愿相信经验，也不愿求证于科学；宁愿把自己的孩子和周围其他孩子相比，也不愿用科学的方法评价自己孩子的行为。孩子将来在社会中必定要承担与旁人不同的角色，对孩子来说他们要发展的第一个角色就是他们自己，也就是说他们必须学会做好自己的事情，交给自己的任务需要自己记得并完成。孩子需要完成的任务多种多样，这就要求孩子学会记忆、动手、动脑、与人合作，这一系列过程也是孩子能力提高的过程。教育是一门科学，不能仅凭经验。父母只有知道任务意识发展的规律和特点，才能真正理解孩子的行为并给予正确的引导。

1. 不同年龄段的孩子任务意识呈现不同特点

一般说来，任务意识强的人，其工作、学习的目标意识也较强，在完成任务的过程中能更积极主动地克服困难、实现预期目标。对于即将入学的学龄前儿童来说，树立一定的任务意识，可以摆脱对成人的依赖，在心理上将学习和自由玩耍分开。任务意识发展的规律和特点在不同年龄有不一样的要点。

1～3岁的孩子出现任务意识的萌芽，偶尔会做一些自己感兴趣且力所能及的事，比如把自己的鞋子放在规定的位置上，自己上厕所，自己喝水、吃东西等与生活相关的行为。

3～4岁的孩子的任务意识明显增强，对困难有了一定的判断，这时候，孩子遇到一些比较枯燥、完成周期较长或难度较大的任务时，比较容易失去完成任务的意愿和兴趣，比如自己穿衣服、独立吃饭、逛超市只能挑选规定数量的自己喜欢的物品等。

4～5岁的孩子会有比较强的任务意识，能用一些基本的道德标准和日常规则来要求自己，努力完成自己的任务，并以完成任务为荣，比如当值日生、为全班甚至全园小朋友服务、为班级或幼儿园照顾植物、为同伴或弟弟妹妹讲故事等。任务意识的培养影响孩子社会地位的最初建立，对孩子的自我评价有积极的影响。

5～6岁的孩子已经初步学会控制自己的情绪，会学习克制自己在完成任务的过程中出现的烦躁、不想继续、后悔等负面情绪，比如在学习系鞋带的过程中，孩子最容易出现烦躁的情绪。当孩子出现烦躁情绪或挫败感的时候，家长应该给予孩子支持，继续培养孩子的任务意识并使其达到稳定状态。

2. 培养孩子任务意识，要学会鼓励和放手

家长要意识到培养孩子任务意识的重要性。孩子的自信心很大程度来源于父母和老师适时的夸奖和鼓励，当我们把任务交给孩子，孩子完成一个或多个任务时，来自成人的肯定会让他们觉得自己很棒。孩子还处在任务意识萌芽阶段时，家长要及时发现孩子偶然间做出的具有任务意识的行为，并及时给予鼓励和强化，例如孩子偶然把自己的鞋子放回指定的位置，家长可以抓住时机表扬孩子："宝宝很棒哦，送小鞋子回家，鞋子找到了它的鞋柜妈妈，妈妈也要把鞋子送回家。"家长与孩子共情，认同并模仿孩子的动作，能够强化孩子摆放鞋子的行为。当孩子有了一定的执行能力，对于一些简单的事情，家长要舍得放手，比如倒垃圾、浇花等任务，这一阶段的孩子都可以独立完成。家长要意识到孩子正处在长本领的阶段，若对孩子的成长视而不见，舍不得让孩子干活，很容易养成孩子懒散的坏习惯。当家长发现孩子具备某项能力、可以完成某项劳动后，就可以放手让孩子参与。

3. 给孩子安排任务应做到循序渐进

任务通常可以分成一次性任务和持续性任务，如帮父母跑腿、传话这种临时的、偶然安排的就是一次性任务，每天负责倒垃圾、拿碗筷就是持续性任务。家长给孩子安排任务时，可以从安排一次性任务开始，并注意明确任务内容；当孩子可以按时完成这些任务并且不再满足于完成这些任务时，可以尝试给他们分配一些持续性的任务。像这样循序渐进的做法不但能够很好地让孩子接受任务、培养任务意识，还能增强孩子做事的能力。家长给孩子安排任务要遵循由少到多、由简到难的原则，

并且要考虑到孩子的兴趣；要事先了解和试探孩子对任务的态度，尽量安排孩子感兴趣并且能够做的事情，孩子能熟练完成这些任务时，再给孩子增加相关的任务，比如刚开始时安排扫地，一段时间后是倒垃圾，再过一段时间擦桌子，再之后可以把这些任务合并为一项任务：整理自己的房间。这就是由少到多、由简到难。

4. 关注孩子任务完成的过程与结果

有了任务意识还需要掌握完成任务的方法。在培养孩子任务意识的同时，家长需要注意教给孩子完成任务的方法，提升孩子完成任务的能力。无论是浇花还是喂鱼，家长都要告诉孩子方法，比如什么时间浇花合适，隔多长时间浇花合适，每次浇多少，每次喂鱼要喂多少鱼食，等等。很多孩子刚接到任务的时候很兴奋，会给花浇很多次水、给鱼喂很多的鱼食，结果适得其反，因为此时的孩子不是在完成任务而是在玩。家长需要让孩子知道完成任务和玩的区别。

5. 自主安排任务，让孩子的自我充分发展

此外，家长也要鼓励孩子给自己制定任务。别人的要求和下达的任务，毕竟是外在的，一个人的成长和发展不能仅仅靠等待他人布置任务，被动地完成。父母的任务是把孩子培养成可以自主发展的人，因此，引导孩子给自己制定任务就显得十分重要。以用餐时间的相关任务为例，如果孩子已经能很好地完成摆放碗筷的任务并养成了习惯，妈妈可以说："宝贝，你还能完成什么任务呢？你自己来定一个吧！"也许孩子会想到盛饭或者收拾碗筷等。也可以在做饭的时候引导孩子："妈妈（爸爸）做饭没有空打电话，谁来给爸爸（妈妈）打电话呢？"对于这些任务，多数的孩子都会自告奋勇地承担。家长要善于在生活的细节中引导孩子发现任务，发展他们的能力，让孩子进行自我发展。孩子乐意接受任务并能够按要求积极地完成任务，将对孩子小学的学习生活会产生积极的影响。

实施指南

一、激发孩子自主完成任务的愿望

家长通过观察、了解生活中孩子关注的热点与兴趣点，把孩子愿意做的事情转化为任务，让孩子主动而充满热情地执行这些任务，使任务成为他们真正喜欢做的事情。

二、帮助孩子完成教师布置的口头任务

为了让孩子适应将来的学校生活，在大班幼儿园老师开始留一些口头任务，如让孩子把活动需要的物品带来等，家长应协助孩子完成这些任务。

三、给孩子创设独立解决小问题的机会

孩子们都有独立的愿望。当孩子第一次有了“我自己做……”“我会……”等表达时，家长不可轻视孩子的这些话，更不可拒绝或否定孩子，而是要及时肯定，这会给孩子“爸爸妈妈喜欢我这样”的信号。久而久之，孩子的独立意识和自信心就会得到保持，即使在做事时真的遇到了困难，孩子也不会退缩。

四、让孩子在实践中试错，然后找到解决问题的方法

家长替代孩子做事，等于亲手为孩子挖了一个温柔的陷阱。掉进这个“陷阱”的孩子，连尝试不同解决方法的机会都没有，也谈不上获得成功的体验，更无法树立自信心。

五、分步骤下达任务，引导孩子积累完成任务的方法

孩子在完成任务时常常会因为缺少方法、经验而表现得毫无头绪、缺乏条理性，因此，在布置任务的过程中，家长可以通过分步骤下达任务的方式，帮助孩子有序完成任务，如鼓励孩子采取询问家长、与同伴协商等方式明确完成任务时“先做什么……再做什么……最后做什么……”让孩子对所要完成的任务有一个预先思考；也可以提供纸条、任务卡片，鼓励孩子尝试将自己承担的任务按先后顺序进行排序，并按照排好序列的任务条或任务卡进行活动。

六、将任务内容与完成时间建立联系，让孩子形成时间观念

“按时完成”“把握时间进程”是完成任务的关键要素，孩子在执行任务的过程中，往往因没有时间概念而出现过程拖拉、结果不了了之等现象。对此，家长可以在制订“任务计划书”的过程中，将计划书内容的文字放大，标注表示任务完成时间的图示（早上、中午、下午）和任务内容，引导孩子自制写有自己姓名的人物标志牌放入相应的时间栏。这样，孩子会对自己应在什么时候完成什么任务一目了然。家长还可在任务执行过程中提醒孩子注意完成任务的时限，让孩子及时完成任务。

七、采用“看得见”的自我评价方式，提升孩子完成任务的信心

家长可以利用备忘录等方式，让孩子自己记录任务的完成情况。孩子可以记录是否完成任务，也可以记录完成任务的进度。在自我评价的过程中，家长还应帮助孩子发现执行任务过程中的困难、探索解决困难的办法，让孩子为独自克服困难完成任务而自豪。

八、不断发现孩子在完成任务中的新经验，提供交流分享的机会

家长应关注孩子执行任务的过程，通过了解孩子在执行任务时的行为表现，发现孩子完成任务的不同经验与方法，并为孩子提供交流分享的机会，鼓励孩子把自己完成任务的好方法、小妙招和家长、同伴分享，让孩子在相互交流分享中，吸纳别人的经验，习得更多的方法。

九、给孩子适当的帮助和指导，但不要强迫孩子服从家长

布置任务时，家长可以事前先做示范，教会孩子怎样做；孩子做事遇到困难时，家长可帮助孩子一起寻找解决方法；事后，家长要与孩子交流自己的体会，分享来自成人的经验。此外，在孩子执行任务的全程，家长应适当听取孩子的意见，让他们知道自己的权利和义务，如他们可以自由地设计自己的小天地，但要保持整洁；可以自己安排入睡前的活动，但不能影响休息；等等。

孩子在成长过程中，会经历很多不为人知的艰辛，会面对各种各样的人、事、物。作为父母，我们能做的很多，但终归是有限的。只有多一些耐心、用心，家长才能帮助孩子顺利走过一个个不同的人生阶段。

延伸拓展

一、阅读推荐

1.《国王生病了》（著者：杨英蓉；绘画：柯延霖；出版单位：南京师范大学出版社）

内容介绍：国王生病了，医生建议国王要多多运动并列了一张运动计划表。国王按照表上的项目一一实行，然而一个月后，自己的健康状况未见改善，反而连累身边的人都病倒了，原因何在？

推荐理由：健康的身体来自适当的运动，这是孩子从小就应建立的一个观念，同时孩子也需要培养良好的运动习惯。在平常的生活中，我们可以看到许多家长会包办孩子的事务，这并不利于孩子的成长，反而剥夺了孩子自主的权利，让孩子养成依赖别人的坏习惯。

> >> 2.《今天我值日》（著者：[日]井上智绘；绘图：[日]山西源一；出版单位：青岛出版社）

内容介绍：作者从主人公逗丁当值日生时强烈的任务意识、照顾妹妹时产生的责任感、做繁琐事情时培养的专注力、在幼儿园里形成的规则意识，以及自我管理、自理能力培养等几方面挖掘逗丁身上的教育价值，能有效帮助孩子和家长顺利地进行幼小衔接。

推荐理由：本书不但情节引人入胜，而且能让孩子在故事中看到自己的影子，教孩子学会主动完成自己承担的任务，懂得合作，变得勇敢自信，并擅长发现别人的长处。

> >> 3.《第一次上街买东西》（著者：[日]筒井赖子；绘画：[日]林明子；出版单位：新星出版社）

内容介绍："第一次上街买东西"系列绘本，每个故事都描绘了孩子成长中的一种经历。这些故事，情节自然亲切，就像发生在孩子身边一样；与情节相辅相成的图画更是富有细致入微的生活情趣，描绘出主人公们每一点的心理变化和情绪流露，显得分外动人。画家林明子完全依从幼儿看世界时的视线高度，挖掘孩子小小心灵的情绪感受，描绘生活环境中的细节和情趣，不仅能让每个读故事的孩子欢喜不已，也能让每个曾是孩子的大人产生深深的共鸣。作者希望这套书能给孩子带来更多的勇敢、自信和快乐，从容面对人生必经的各种"第一次"。

> >> 4.《大卫上学去》（作者：[美]大卫·香农；出版单位：河北教育出版社）

内容介绍：本书讲述的是大卫入学后在学校"学规矩"时"闹"出的故事。入学后大卫的身边有了其他小朋友，他必须得学会与别人相处，必须得学会上学不迟到、上课不吃口香糖、不捉弄同学……这些都是大卫在学校必须遵守的规矩。

推荐理由：本书和每一位小朋友分享第一次上学的成长经验，让孩子在老师的帮助下了解什么是可以做的事和什么是好的行为。

二、生活小任务

1. 整理书包

要求：按用途把需要带的物品分类放好。

教育建议：家长提醒孩子把书本、文具按统一方向、从大到小的顺序排列好。

2. “精灵大挑战”

要求：选择一项难度适中、活动量适宜的家务，作为孩子专属的长期小任务。

教育建议：孩子完成任务后，家长要及时表示认可和鼓励，例如“你养的花，真好看！”以此激发孩子的积极性和责任心。

3. 指令游戏

要求：让孩子转述家长的要求，或是直接完成家长的指令。

教育建议：指令的难度应该是递进的，一开始指令的要求是一项，之后慢慢过渡到一个指令有两三项要求，逐步增强孩子的任务意识。

评估改进

一、自我评估

（一）孩子测试题

亲爱的家长，您好！为了测试孩子是否有足够的生活自理能力，请根据孩子在生活中的实际情况做出选择。若相符，则选“是”；若不相符，则选“否”。

	是	否
1. 孩子有“自己的事情自己解决”的意愿。	□	□
2. 孩子能自己脱、穿衣裤、鞋袜，独立处理好用餐、盥洗、排泄等事情。	□	□
3. 孩子 会把幼儿园一天的生活讲给父母听。	□	□
4. 孩子会使用剪刀、铅笔刀、橡皮和其他文具。	□	□
5. 孩子会扫地、擦椅子、开关门窗，会洗简单衣物，如小手绢、袜子等。	□	□
6. 能孩子有序地整理文具、书籍，用过的物品能及时归位、保持整洁。	□	□
7. 孩子能比较严格地遵守作息时间安排。	□	□
8. 孩子能自己认钟表上的整时。	□	□
9. 孩子能较好地完成大人布置的口头任务。	□	□
10. 孩子能比较合理地安排好自己的时间和活动内容。	□	□

【评估参考】

以上测试题从独立意识、生活自理、动手操作能力、劳动能力、认知能力等方面，考查孩子的生活自理水平。至少 6 题选“是”，孩子才算做好了入学准备。

（二）父母测试题

孩子任务意识的培养是一项长期的工作。对此，家长自身需要不断学习，改变自己的教育观念、更新教育方法。孩子入学前，家长需要做哪些准备？如何帮助孩子顺利适应小学生活？请家长做自我测评，以下选项，若相符，则选“是”；若不相符，则选“否”。

	是	否
1. 孩子您是否注意孩子的早期运动训练？	□	□
2. 孩子您是否将孩子看电视的时间控制在每天半个小时之内？	□	□
3. 您是否经常陪伴孩子一起阅读？	□	□

4. 您是否能耐心倾听孩子说话？ □ □

5. 您是否能随时关注孩子的学习过程，发现孩子学习中的问题？ □ □

6. 您是否会在日常生活中帮助孩子建立行为规范，养成良好的行为习惯？ □ □

7. 您是否在日常生活中让孩子做力所能及的事情？ □ □

8. 您是否会创造机会，让孩子自己拿主意、做决定？ □ □

9. 您是否能有针对性地满足孩子的要求？ □ □

10. 您是否能按时接送孩子？ □ □

【评估参考】

以上测试题从孩子注意力、沟通能力、任务意识、自理能力、自控能力等方面，考察家长对孩子任务意识相关能力的培养是否到位。至少7题选“是”，家长才算是为孩子做好了入学准备。

二、改进计划

接下来请家长为自己拟定改进的计划吧！我们一起帮助孩子做好入学准备。

1. 孩子任务意识现状及改进计划。

2. 孩子生活自理能力现状及改进计划。

3. 孩子认知能力现状及改进计划。

幼儿园大班下册

第四专题 幼小衔接有三宝

幼儿园大班的孩子即将迈入小学阶段，他们的身心面临着极大的变化。同时，他们即将受到的教育也与幼儿园阶段所受教育存在着极大的差别。能否帮助儿童很好地适应区别很大的两种教育环境，直接关系到他们未来能否适应小学的学习生活。因此，孩子即将升入小学的家长开始关注学前教育与小学教育如何衔接的问题。幼小衔接问题一直受到广大家长的关注，而能让孩子顺利做好科学衔接的方法却众说纷纭。传统的幼小衔接更多的是片面追求知识学习，如让孩子在进入小学前就开始认字、提前学习小学知识等，而这些重知识、轻习惯的幼小衔接往往会带来一系列的负面影响，包括孩子在升入小学后有可能会产生的厌学、上课不听讲、注意力不集中、粗心大意、丢三落四等诸多问题。因此，人们也逐渐认识到幼小衔接真正要衔接的不是知识，而是自理能力、注意力、阅读习惯等方面，要确保孩子有足够的适应能力，避免进入小学后产生适应不良。那么，对于孩子自理能力、注意力和阅读习惯的培养，家长应从何时开始做？怎么做？

案例分析

案例一 包办代替，自我成长缺失

已经升入大班的浩浩因为父母工作忙，生活方面主要是由爷爷奶奶照顾。

浩浩在家都是由爷爷奶奶喂饭。为了让浩浩能吃多点饭，爷爷奶奶允许浩浩一边看电视一边吃饭，手里还拿着玩具哄他。直到睡前，家里的电视还一直开着。

早上起床时，爷爷奶奶想让浩浩早早地去到幼儿园参加点读活动，所以就一边催促着浩浩，一边主动帮浩浩穿上衣服、鞋袜。之后，爷爷就单手背着浩浩的小书包，抱着浩浩出了门，直到幼儿园门口才将浩浩放下，让浩浩自己走到教室。

每天浩浩到达教室后，都是睡眼惺忪的状态，没办法快速融入点读活动中。

爷爷每天都会嘱咐老师：浩浩还小，麻烦老师让他多喝水；多注意看看他是否出汗，若衣服湿了就帮他换件衣服；玩耍时多提醒他一下……

穿脱衣物、穿脱鞋、独立进餐等基本生活自理内容，通常是家长所忽略的小事情，但往往这些小事情却能让孩子收获最大的教育成效。正如案例中的浩浩爷爷，忽略了让孩子积累生活经验，为了让孩子多吃点饭而忽略了对孩子生活自理能力的培养，让孩子边看电视边吃饭，还用玩具哄逗，习惯性地帮助浩浩解决了生活中出现的问题。其实，这些不以为意的生活琐事，不仅可以让孩子在解决生活诸多问题的过程中举一反三获得经验，而且可以从心理上给予孩子“我长大了”的意识，使孩子获得成长满足感。若为孩子包办一切，孩子将失去锻炼技能，积累经验，体验成长的机会。

案例二 给予支持，成长加倍

可可升入大班后，可可妈妈为了帮助可可之后能够顺利衔接小学生活，以“我的时间我做主”为主题，和可可一起商量幼儿园放学回家后要做的事情。在此过程中，爸爸妈妈营造了民主宽松的讨论氛围。在最初的执行阶段，在确保安全的前提下，爸爸妈妈允许可可计划他每天想做的所有事情，同时鼓励可可每天的事情都尽量在当天完成，不留到第二天。

一段时间后，可可开始抱怨每天晚上在家过得好忙好累，妈妈询问原因，可可表示每天晚上要做的事情太多了，都没有和朋友轻松玩耍的时间。于是，妈妈和可可开始讨论，重新制订晚上的计划。

这一次，可可吸取了之前的经验教训，周末就把下一周晚上的计划大致安排好，如晚上回家后先吃饭，饭后和爸爸妈妈一起收拾餐桌或者洗碗，然后安排休闲活动，如画画、看书或者玩最喜欢的拼接玩具，和爸爸妈妈下棋，等等。他在做完这些事情后，还可以到楼下找小朋友玩一会儿，并和妈妈约定在当天完成计划的时候简单记录自己的心情。

在可可上大班前，是他听爸爸或者妈妈讲睡前故事；而在大班以后，大部分的睡前故事则是由可可讲给爸爸妈妈听的，有时还会和爸爸妈妈谈谈自己对这个睡前故事的想法，或是和爸爸妈妈分享白天的一些见闻。可可和爸爸妈妈都很享受睡前的亲子时光。

进入小学后，可可依旧保持着自主安排时间的习惯，回到家后先完成作业再玩。他不仅很快适应了小学生活，在学习上积极主动，每天能高效率地完成作业，他还安排出了自己的自由活动时间。

一个人的能力从来就不是与生俱来的，而是其在适应不断变化的环境的过程中逐渐形成的。心理学研究表明，个体能力的发展有一个关键期，在关键期内，个体的能力易于养成，过了关键期，个体能力的培养就变得特别困难。我们常常看到这样一些父母：孩子上学了，还要一口一口给他喂饭；作业做完了，总是亲自帮他订正错误；总是帮着孩子整理书包……只要是孩子存在的地方，就会有父母的身影。如此这般，做父母的确很辛苦，可孩子却越教养越无能了。

我们知道，孩子在幼儿园时，整天都有老师跟班，孩子遇到生活上的困难，如穿衣服、系鞋带等，会及时得到老师的帮助；进入小学后，小学老师不会像幼儿园老师那样事无巨细地帮孩子解决所有问题，像系鞋带、上厕所、准备学习用品等，都得靠孩子自己，若孩子动作慢，能力差，势必会影响学习。案例中可可的爸爸妈妈从小培养可可自己的事情自己做的意识，可可还能做一些力所能及的家务活，如餐后和父母一起收拾餐桌、洗碗等。孩子参与到家务中，除了提高孩子的自理能力，还能让孩子在劳动的过程中体会父母的辛苦，从而增进亲子感情。

家长要帮助孩子在实际行动中克服困难，而不要代替孩子解决问题。当孩子遇到困难时，家长要不断鼓舞孩子，使其具有较强的信心和决心去面对挑战，养成做事善始善终的习惯。此外，家长还要在克服困难的方法和技术上给予孩子适当的指导，让孩子掌握克服困难的技巧，少走弯路。案例中可可的父母在可可抱怨因晚上安排的事情太多而感到太累的时候，能和可可商量，尊重孩子的意愿并帮助孩子合理安排时间，关心孩子，关注孩子的点滴变化，耐心地教育、引导孩子，从心理上和思想上与孩子取得沟通，帮助孩子调整心态，调节生活规律，最终让可可养成了良好习惯。这是值得学习的。

此外，家长要注意帮助孩子养成良好的阅读习惯。良好的学习习惯同浓厚的学习兴趣、正确的学习方法一样，在学习中起着重要的作用，孩子一旦有了良好的学习习惯将受益终身。而良好的阅读习惯对于良好的学习习惯来说是十分重要的。案例中，可可父母有意识地培养孩子的阅读习惯，合理安排每天阅读的时间，从父母讲睡前故事，到可可讲睡前故事或交流分享每天的趣事等，都有助于激发孩子的阅读兴趣，提高孩子的阅读和表达能力。

综上所述，孩子的生活自理能力和阅读习惯，只有通过真实情境下的实践体验来习得，才会更持久。家长要有意识地为孩子多提供一些完全由孩子自主参与的生活实践活动，以培养孩子的生活自理能力、注意力和阅读习惯。

了解孩子

一、生活自理能力

儿童阶段孩子的生活自理能力，是指孩子在日常生活中自己处理自己的事情、自己照顾自己的行为能力，也就是自我服务的能力，如自己穿脱衣服、吃饭睡觉、收整自己的书包等。这些都是一个人应该具备的最基本的生活技能，而学前期则是培养孩子生活自理能力的关键期。

小学和幼儿园在校园设施、作息安排、课程设置、教师配备等方面都存在较大的差别。幼儿园教育强调保教结合，教师在关注孩子经验习得的同时，也需要关注孩子的生活，而小学教育则侧重于知识的习得。因此，从孩子 3 岁正式进入幼儿园开始，教师就会通过每日的活动循序渐进地培养孩子的基本生活技能，同时通过家园合力巩固和提高孩子的生活自理能力，确保孩子在学前阶段逐步具备良好的生活自理能力，为孩子顺利进入小学做好生活上的准备。

现实中有一部分孩子生活自理能力有待加强，具体表现为：不能根据天气冷热穿脱适宜的衣服、饭前便后和外出活动回来忘记用七步洗手法洗手、自己的物品摆放凌乱等。多数幼儿园会关注到孩子生活自理能力培养的问题，但是少数幼儿园仍存在成人包办的现象。成人包办现象也常常存在于家庭教育中。现在孩子有很多是独生子女，虽然人们都格外重视孩子的学习，积极为孩子报各种培训班，但是在生活自理能力培养上却没有统一的标准，往往是一家人哄着让吃饭、惯着帮穿衣，缺乏对孩子生活自理能力培养的关注。

二、注意力

注意力是指人的心理活动指向和集中于某种事物的能力。它是人在学习过程中必需的要素。幼儿园每天有 1 节集体教学活动，每节集体教学活动的时间是 15 ～ 25 分钟；进入小学后，每天有 6 节课，每节课的课时为 40 分钟，这就使得孩子必须在 40 分钟内集中全部注意力，才能确保学习速度快、效果好。注意力如果不集中，不仅影响孩子学习的速度和效果，而且会使孩子产生烦躁、易怒、缺乏耐心、害怕挑战、自我评价低等心理问题。因此，在幼小衔接教育中，应特别重视对孩子注意力的培养。

调查发现，一部分孩子有意注意时间短，无意注意占主导，注意的稳定性和调节性比较弱。而部分家长在面对孩子的注意力问题时，缺乏有针对性的具体的教育方法，导致孩子注意力的提升效果不显著。

三、阅读习惯

在现代社会，人们越来越重视对孩子阅读习惯的培养。一个好的阅读习惯既能丰富知识，又能对人格进行熏陶，对人的各方面发展具有重要意义。0 ～ 6 岁是孩子学习早期阅读的关键期。从婴儿期的黑白卡投放，到幼儿期看着书上的小动物模仿动物叫声；从能在父母的讲述中看完绘本，到能独立阅读和复述故事内容。孩子阅读图书的兴趣随年龄的增长而不断增长，孩子在家长、老师与同伴的陪伴中不断获得阅读的经验，从而具有初步的阅读和理解能力。对即将步入小学的孩子来说，对图书和生活情境中的文字符号感兴趣，能初步感受语言使用的美，能够专注地阅读各类图书，喜欢与他人一起阅读并讨论有关内容情节，能根据故事书中的部分情节或图书画面的线索猜想故事情节的发展或续编、创编故事，对看过的图书、听过的故事能说出自己的想法与感受等，都是为其未来发展阅读理解能力，成为一个好的阅读者奠定的扎实的基础。

但是家长在培养孩子阅读习惯的时候往往会出现一些问题。一是对于即将上小学的孩子，有些家长在阅读活动中更注重识字量。家长基本上都会赞同阅读的价值，也有意识地培养孩子的阅读习惯，但很多家长将阅读的价值变得单一化了，认为孩子阅读的最终目的就是为了多识几个字，特别是到了幼儿园大班后期，一些家长会急切地想要孩子能独立阅读文字。二是家庭中缺少能够提升孩子阅读能力的相关引导。独立的阅读空间能引导孩子专心阅读，从而提升孩子的阅读能力。虽然现在多数家庭会为孩子设置玩具区、阅读区等活动区域，但设置阅读区时往往忽视其独立性，有时书架旁的空地就是阅读区，阅读区和其他活动区的空间划分不清晰，易使孩子分心；有时亲子阅读集中在睡前故事时间开展，孩子容易因为过于放松或困倦而精神涣散，不利于专注阅读……

实施指南

一、自理能力

（一）将培养孩子生活自理能力融入幼儿园一日生活各环节

一日生活皆课程。幼儿园的老师们在园内活动的各环节中潜移默化地培养孩子的生活自理能力，家长也应保持与幼儿园一致的理念，利用孩子周末及假期在家的时间培养孩子的生活自理能力，如鼓励孩子自己穿脱衣鞋、整理书包、收拾玩具和自己的房间，吃饭时一起摆放餐具，给自己和长辈盛饭，学会安全使用勺子和筷子吃饭，养成保持地面、桌面、碗底“三净”的好习惯，盥洗时能自己拧毛巾并认真洗漱，养成大小便后用纸及洗手的好习惯，等等，让孩子在幼儿园和家庭的实际操作体验中积极、主动地提高生活自理能力。

（二）共同创设环境，增强自我服务意识

在幼儿园，班级老师与孩子一起讨论并创设“班级公约”等，以无形的方式支持孩子生活自理能力的发展，如在游戏区投放孩子喜欢的娃娃及娃娃服饰等，引导孩子通过帮助娃娃穿脱衣服提高孩子自身穿脱衣服的能力；在生活区投放“小动物喂食”等托盘玩具，引导孩子尝试使

用勺子、夹子和筷子；等等。日常生活中，家长也可以充分发挥标识和图示的作用，引导孩子在现有的环境中提高生活自理能力，如与孩子一起挑选收纳玩具的箱子，鼓励孩子对现有玩具进行分类并收拾整理。在收纳过程中，家长可以和孩子一起观察玩具的种类并让孩子尝试设计玩具收纳箱上的标识，引导孩子通过标识更快地收拾整理玩具。给玩具分类、设计标识等实践能切实帮助孩子提升生活自理能力；鼓励孩子参与、尊重孩子意愿，可以培养孩子自己的事情自己做的好习惯，提高孩子做事的效率。

乐乐每次放学，一回家就直接将书包扔在家门口的鞋柜上，等待妈妈的“支援”。但9月份乐乐就要上小学了，看到女儿回到家后还是饭来张口、衣来伸手的“小公主”，习惯性地依赖大人的帮助，妈妈担心乐乐上小学后可能无法适应新环境。于是，家中长辈一致决定，要乐乐学会自己的事情自己做。乐乐父母与乐乐共同商量、讨论，确定乐乐晚上回家一定要做的几件事，并安排了她做事情的顺序，如整理书包、收拾衣物、准备第二天需要的物品等，还将做事的自主权完全交给了乐乐，以此增强乐乐的责任意识。

（三）通过各种生活小活动帮助孩子提升生活自理能力

孩子生活自理能力的提高需要家长的支持。家长可以带孩子逛逛玩具商店和儿童床上用品专卖店，参观已经上小学的哥哥姐姐的房间并和他们交流，等等；活动后与孩子讨论，引导孩子提出解决问题的办法，帮助孩子梳理提升生活自理能力的经验，如通过“整理小书包”“布置我的房间”等活动，引导孩子学会不同种类、大小、用途的物品的摆放顺序、摆放位置等，尝试借鉴他人经验并根据自己的喜好，充分利用空间进行收纳整理，掌握按类摆放的方法并以此来整理零散小物件……此外，还可以在家中创建供孩子自主操作练习的“小厨房”（如餐厅操作台），让孩子学习和面，做云吞、饺子，煎鸡蛋，等等，开辟“阳台种植区”，引导孩子种植、照顾小植物并进行观察记录，让孩子在模拟真实生活的情境中锻炼生活自理能力。

近来，桓桓妈妈发觉桓桓出现了丢三落四的行为，他时常找不到自己的东西，此外，对于一些力所能及的事情，桓桓也会向大人求助。于是，桓桓妈妈在家里给桓桓腾出了一个小角落，与桓桓商量由他当这小角落的负责人，并一起讨论、确定了负责人需要做的事情。在此过程中，桓桓妈妈在桓桓需要帮助时及时给予其生活经验上的指导，并通过共同查阅资料、走进超市等使桓桓学习、积累分类归纳、整理物品的经验。在观察超市货架后，桓桓知道了超市里的物品是按照不同的种类、大小等分门别类地进行摆放的，桓桓与妈妈回到家后对自己的物品进行了整理和分类；他还自主绘制了一份物品摆放位置图，提醒自己什么物品被放在了哪个位置。

（四）鼓励孩子参与各种实践活动，帮助孩子在实践活动中积累生活自理经验

孩子的生活自理能力是一种实践性的能力，只有通过真实情境下的实践体验来习得，才会更强、更持久。家长要有意识地为孩子多提供一些完全由孩子自主参与的生活实践活动，全方位地培养孩子的时间观念以及各项生活自理能力，如在长假旅行前，家长可以和孩子商量讨论旅行的地点，鼓励孩子根据旅行地点的天气准备适宜的衣物等物品，让孩子根据幼儿园中学习的安全知识提出出行安全等方面需注意的问题；旅行过程中鼓励孩子自己保管自己的物品，旅行结束后和孩子一起回顾旅行过程，等等，给予孩子最大限度的自我安排的机会，在满足孩子兴趣需要的同时，提升孩子的生活自理能力。

（五）定期沟通形成家园合力，共同培养孩子生活自理能力

在培养孩子的生活自理能力时，家长可以在教育实施前、中、后与孩子的老师沟通交流，争取得到老师的支持，获得过程性指导。家长可以利用多种沟通渠道，与班级老师定期沟通平日在家观察到的孩子生活自理能力的状况，以及生活习惯养成的情况，确保信息同步。在实施过程中，家长应及时记录孩子自我服务的过程，了解孩子自我服务的进步之处，知晓教师的指导方法，以取得家园一致的教育成效。在实施后，家长应与教师共同分析、判断孩子的生活自理能力水平，并为进一步开展教育进行探讨。

二、注意力

（一）创造契机，有效引导孩子集中注意力

学前阶段的孩子大脑和神经系统发育还不完善，这造成其保持注意的时间短，注意的稳定性差，而且无意注意占主导。家长要了解这个年龄段的孩子注意力发展的特点，创造一日活动中的教育契机，如对于孩子在家的游戏活动，家长要了解家里游戏材料的玩法的难易程度，因为过难或过易的游戏内容都容易分散孩子的注意力，要了解自己孩子所处年龄阶段发展水平的特点，了解孩子的前期经验，以便更好地选择适宜孩子的游戏材料。又如家长在与孩子日常交流的过程中，尽量使用精练简洁的语言表达，避免重复。若经常对孩子反复交代同一件事情或某一要求，会让孩子习惯于反复听好多遍才能理解，这不利于孩子有意注意、有意倾听习惯的养成。

此外，家长要给孩子创造不受打扰的家庭环境，如孩子在画画、阅读时，要关掉电视机，让孩子在处理当前事项时尽可能不受外界环境的刺激和影响，减少孩子分心的可能性；在日常生活中给孩子布置一些小任务，如和孩子一起阅读图书时，鼓励孩子向自己或家长提出几个小问题，这样的互动不仅可以增强孩子的成就感，还可以培养孩子的注意力。

（二）提供幼儿自主游戏、做事的空间和时间

每个孩子都有自己喜欢做的事情，家长要为孩子提供机会和空间，让孩子有足够的时间去做自己感兴趣的事。当孩子沉浸于自己感兴趣的事时，就很容易集中注意力，此时家长不随意打扰或中断孩子正在专心做的事，就可以培养孩子的注意力。如当孩子在家里专注地画画、做手工或观察小动物时，家长尽可能不要去干扰孩子，而要耐心地等孩子完成。

泽泽是一位性格非常开朗的小男孩，但他做事情总是不能集中注意力，也不能控制自己的情绪：上课时坐不住，喜欢到处乱跑；遇到不合心意的事情就发脾气，以哭闹的方式去表达他的不满。唯独建构区能引起他学习的兴趣。

又到了选择区域活动的时间，泽泽又是第一个进入建构区的孩子。进去以后，他很快就把积木拿了出来进行拼搭，表情非常专注。他还会把自己拼搭好的大桥

和其他孩子分享，一起玩开车的游戏。

“你来做开车的小司机，我来做交通指挥员。”

“车速太快了，请减速慢行！”

……

在你一言我一语的交流对话中，建构区的孩子们似乎没有注意到老师已经在播放收拾玩具的音乐。老师提醒孩子们要结束游戏、收拾玩具了，告诉他们在 10 分钟之内一定要结束游戏，之后就耐心等待孩子们结束游戏，最后指导孩子把积木归位放好。

满足孩子的兴趣和需要能让培养孩子注意力事半功倍。当孩子沉浸于自己感兴趣的事物时，就很容易集中注意力，泽泽就是一个很好的例子。案例中，老师了解孩子的兴趣，并让孩子的兴趣得到充分满足，泽泽等孩子得以在建构区反复操作，不厌其烦、专心致志地琢磨，在此过程中，孩子的自信心自然得到增强，专注力自然得到提高。

案例中的老师给了孩子结束游戏的心理准备，既培养了孩子的时间观念，也注意避免出现随意地打断或终止孩子游戏的行为。然而，一些家长在陪伴的过程中，经常有意识或者无意识地打断孩子的游戏，如“孩子，你饿不饿”“孩子，你过来帮妈妈拿一下东西”“孩子，你动作快一点”等。其实，家长应该支持、引导孩子游戏，而不是打扰或者中断孩子正在专心做的事情，只有这样孩子的注意力才会更加持久。

（三）教孩子一次只做一件事

一个人的注意力是有限的，如果同时做很多件事情就会降低做事的效率和质量。因此，即使孩子是在玩玩具，也不建议提供给孩子过多的玩具，因为过多的玩具会分散孩子的注意力，孩子常常会对此感到无所适从，往往拿起一个玩具，摆弄一会儿就放下，再拿起另一个。这不仅会造成孩子的游戏始终处于简单的摆弄阶段，而且会破坏孩子做事的注意力。可见，家长应遵循少而精的原则，让孩子专注于自己喜欢的玩具，让孩子自己在游戏中反复研究、琢磨、思考，创造出多种新的玩法，使玩具的价值最大化，让游戏给孩子带来更多的快乐和满足感。

户外活动的时间到了，孩子们可以自选户外器械来玩游戏。当老师说完游戏规则后，孩子们马上去选择自己喜欢的器械，玩起了游戏。乐乐选择的是自己最喜欢的小自行车，佳佳则玩了滚大球的游戏。只见梦梦一会儿骑小自行车，一会儿玩小推车，一会儿又去玩滚大球，但因为梦梦不大熟悉各种器械的玩法，玩每一种器械的时间都不超过3分钟，总是不能深入参与游戏。在梦梦玩滚轮胎时，老师走过去问："梦梦，这个轮胎这么重，你是怎么滚动起来的？"梦梦开始教老师怎么滚动轮胎。在老师的鼓励下，梦梦反复实验，经历4次失败后，成功地把轮胎推上了斜坡。当轮胎从斜坡上滚下来的时候，梦梦开心地笑了。

案例中的梦梦因为不了解游戏材料的玩法而难以对游戏产生兴趣，经常变换游戏项目。经过老师的介入，她"解锁"了轮胎游戏的多种玩法，梦梦在老师的鼓励下尝试将轮胎推上斜坡，经过不断的努力获得了成功的体验，收获了游戏的自信。

日常生活中，家长可以在孩子不专心做某件事时给予孩子适当的引导，介入孩子的游戏，如孩子一会儿看书、一会儿玩玩具时，家长可以坐下来，跟孩子一起看书或者玩玩具，讨论书中的角色、故事内容，或一起探究玩具的新玩法，鼓励孩子发现故事书中的趣味、玩具的多种玩法等，提高孩子的注意力。

（四）通过益智游戏提高孩子注意力的持久性

投放益智游戏的材料，能为孩子提供操作机会，促进孩子在操作和探索中获得相关的知识经验。拼图游戏是培养孩子注意力的常用游戏。在孩子很小的时候，家长可以给孩子选用拼图块较大、块数较少的拼图，如4～6块的拼图；图案则可以选用简单的，且孩子喜欢的、熟悉的内容，如房子、玩具汽车、花朵等。一般来说，中班的孩子可以选择10～20块的拼图，拼图的内容可以稍加点难度，如游乐场的摩天轮、海底世界等；大班的孩子则可以选择30～50块，且有一些故事情节的拼图，如恐龙世界、白雪公主与七个小矮人等。

和孩子一起拼图的时候，家长可以观察孩子的表现并确定是否需要加深难度或给予适当指导，如果孩子能轻松完成难度较低的拼图，如30块拼图，家长可以给孩子尝试40～50块的拼图；如果孩子在拼图时遇到困难并向家长求助，家长可以适当给予孩子一些方法上的提示，如"注意接缝处的图案""注意边缘拼图块的特殊形状"等。但家长应只在孩子明确需要家长帮助，或家长明显感到孩子因为拼图问题而困惑，甚至烦躁不安时，才考虑是否介入及介入的方式。否则，孩子不需要的指点将打断孩子的拼图思路，反而不利于培养孩子的注意力。

（五）创设情境，引导孩子在游戏中扩大注意力的范围

家长与孩子玩亲子游戏，应注意适当扩大孩子有意注意的范围，锻炼孩子的注意力。以游戏“糖果在哪里”为例。一开始，家长在孩子面前把糖果放在一边手的掌心并握紧双手，在不断前后左右变换双拳的位置后，询问孩子“糖果在哪里”，如果孩子回答对了，即可得到糖果作为奖励。几个回合之后，家长可以提高游戏的难度，将 3 个相同的碗倒扣在桌面上；掀起其中一个碗，将糖果放在碗的下面后重新盖上碗；在孩子面前变换碗的位置几次后，询问孩子“糖果在哪里”，如果孩子回答对了，即可得到奖励。如此几轮，可再次升级游戏难度，家长在变换碗的位置的时候，给予干扰的信号，如突然说“是不是有人在敲门”，如果孩子关注敲门，则有可能因为猜不对而失去得到糖果的机会，此时可以给孩子再玩一次的机会，让孩子明确无论什么干扰，都不能影响他认真观察。在类似的亲子游戏中，家长可以和孩子互换游戏角色，或者邀请其他家庭成员一起参加，提高游戏的参与度与趣味性。

（六）通过连续任务增强孩子对注意的调节能力

具有挑战性的连续任务可以提升孩子注意力的品质。如果我们笼统地跟孩子说“收拾你的玩具”，那么幼儿园大班这一阶段的孩子很有可能分不清楚从何开始，但是如果我们告诉孩子“你先把玩具拆下来收好，然后再把玩具放在篮子里，最后把玩具放回玩具柜”，用表达顺序的关键词将任务分解，就可以引导孩子一步一步地完成任务，在孩子有能力完成相对简单的连续性任务后，我们可以加入时间限定，提出一些更具挑战性的连续性任务，比如提出在一定时间内收拾房间，我们可以跟孩子说“我把计时器设置为 30 分钟，我们看看这段时间里能收拾多少房间里的东西”，时间限定让孩子更加专注地去完成任务。

三、阅读习惯

（一）讨论并安排有规律的阅读时间，给孩子提供阅读机会

对于处于幼儿阶段的孩子，家长可以跟孩子一起讨论，共同设定每天在家的固定的阅读时间。在阅读时间里，可以开展亲子共读，也可以孩子和家长分别阅读自己的图书，还可以开展如“周末图书馆之旅”“睡前故事”“家庭读书沙龙”等，让阅读自然而然地成为亲子互动的一部分。

豆豆今年5岁，每天晚餐后爸爸妈妈都会和豆豆共同阅读。有时候是爸爸妈妈和豆豆一起看绘本、讲故事，有时候是豆豆自己翻阅绘本，爸爸妈妈则在一旁看自己的书。周末的时候，去图书馆也成了豆豆家不成文的约定。两天的休息时间里，爸爸妈妈总会花半天时间和豆豆去图书馆看书。图书馆里有丰富的少儿图书，豆豆最喜欢去绘本馆，那里有世界各地的作者为小读者们精心创作的绘本，那里有喜欢看书的小伙伴和会讲故事的叔叔阿姨们。图书馆里还有丰富的阅读活动：作者见面会、馆员姐姐讲故事、你先看我买单……都是豆豆经常和爸爸妈妈一同参加的活动。图书馆里的活动丰富而有意义，且不收取任何费用，豆豆一家人在图书馆阅读时常有惊喜。每晚睡前，豆豆依靠在爸爸或妈妈的身边，一边翻动绘本，一边听爸爸或妈妈讲故事，听完故事，再关灯睡觉。

阅读是豆豆家的基本生活内容，在餐后、睡前看绘本、讲故事及周末前往图书馆等多种形式的亲子共读成了这个家庭自然而然的生活方式，豆豆的阅读习惯在日常生活中得到了持续而积极的培养。

（二）熟悉孩子的读图经验，多种方法提升孩子的读图兴趣

家长需了解自家孩子读图的能力与经验，重视0～6岁孩子读图兴趣的培养，帮助孩子在实践中积累多种阅读方法。家长可通过鼓励孩子观察、获取、表达看到的绘本画面中的信息，猜测画面与画面之间的关系，大胆讲述画面中的各种细节所蕴含的意义，及其他类似的方式，引导孩子体验读懂画面的乐趣，以提升孩子的读图能力。

强强5岁半，是幼儿园大班的小朋友了。他的妈妈是一位幼儿园老师，妈妈懂得幼儿期孩子识字需要经历由读图向识字自然过渡的过程。妈妈从强强1岁左

右开始，就每天都和强强一起读书，给强强讲故事。妈妈根据幼儿期孩子的阅读对象主要是图画这一特点，特别选择以图为主、以文为辅的绘本作为亲子共读的材料。妈妈在给强强完整讲述故事后，偶尔会翻回某个页面，故意表现出夸张的情绪，如吃惊、喜悦、生气等。每到这时，强强的兴趣一下子就被调动起来了。一开始，强强只是瞪着大眼睛看着妈妈，不知道妈妈为什么那样做，妈妈就会指出画面上的角色、细节向强强说明。慢慢地，强强开始模仿妈妈观察画面的方法，会产生与当前阅读页面相应的情感体验。

妈妈有时候会像小伙伴一样，在阅读时和强强互动。有一次，妈妈指着页面某处说："你看你看，小蛇的肚子变成三角形啦，太搞笑啦！"

强强翻到下一个页面："妈妈你看！小蛇的肚子变成和刺猬一样的了，哈哈哈！"

妈妈："啊！这是为什么呀？"

强强："因为小蛇吞了一个菠萝呀！"

妈妈："哦，太好玩啦！那你再猜猜，下一页小蛇会吃什么东西？小蛇的肚子又会变成什么样子呢？"

强强："我猜……"

强强妈妈是一位专业的幼儿教育工作者，了解幼儿期孩子以图画为主要阅读对象的特点。她顺应孩子"图画向文字"自然过渡的规律，选择合适的阅读材料及在阅读过程中引导孩子观察画面的做法是适宜、有效的。

（三）鼓励孩子尝试续编故事，建立合理想象

续编故事是孩子的创造性活动，对孩子想象力、思维能力、口语表达能力的发展有积极的促进作用。幼小衔接阶段，家长可以提供一些续编故事的题材，如孩子感兴趣的故事书，鼓励孩子根据已有的故事情节和线索大胆猜想后续故事的发展。续编故事不仅能激发孩子的奇思妙想，而且能帮助孩子更进一步地理解画面，发现画面中传递的各种信息。家长需注意所选题材应是孩子熟悉的生动有趣的内容，应引导孩子想象各种可能，续编能产生联系的、合理的情节。

一天晚上，爸爸和小东一起看绘本。翻阅到最后一页时，爸爸说："呀，我要仔细看看小猪在本子上写了什么。小东，你看得清楚吗？"

小东："小猪写了字，但这些字我不认识。"

爸爸："F-O-X，Fox！狐狸的英文。哎，小猪在想啥，你能猜出来吗？"

小东："小猪准备找狐狸骗吃骗喝啦，哈哈……"

爸爸："第二天，小猪又出发啦！小东，你接着说说看。"

小东："小猪来到狐狸家，敲敲门问……"

小东讲述他对后续情节的猜想时，有时候会断了思路，爸爸就会翻到绘本的某一页，给小东提供线索，让小东根据线索接着讲下去。讲到狐狸给小猪按摩的情节，爸爸还会模仿画面捏捏小东的身体。父子俩讲讲、玩玩，开心极了。

小东爸爸在讲完故事后，引导小东仔细发现绘本画面中的细节，引导小东猜想角色的下一步行动，让小东的观察能力、想象能力和表达能力都得到了锻炼。

（四）运用不同的导读方式帮助孩子在阅读中获取有效信息

合理运用不同的导读方式可以帮助孩子体验不一样的阅读心情，学习不同的方法。如"问题前置式"鼓励孩子带着自己感兴趣的问题阅读，发现书中的情节、关系、结果；"导读图式"激励孩子根据图示去发现故事情节的走向，掌握故事发展的逻辑；"任务驱动式"对孩子的观察、分析、判断等方面提出明确的任务，促使孩子的阅读变得积极而有目的性。

聪聪妈妈买了一本新书，她把书放在聪聪手上，问道："聪聪，这本书的封面最有趣！你看到什么啦？"

聪聪："一只狐狸。"

妈妈："还有呢？"

聪聪："狐狸顶着一个蛋。"

妈妈："蛋壳上有什么特别的地方？"

聪聪："蛋壳裂开啦！"

妈妈："真棒！那你猜猜，这个故事里还有什么内容？"

聪聪："我猜狐狸拿到了一个蛋，它用鼻子闻一闻，觉得好香啊，然后就敲烂这个蛋，想把它吃掉。"

妈妈："哦，真是这样吗？我们一起看看这本书吧！"

聪聪妈妈引导聪聪阅读绘本封面，根据画面信息猜想故事角色与情节，用问题前置的方式，鼓励聪聪在阅读时保持专注、寻找答案。

（五）参加多种活动，激发孩子的阅读兴趣

幼小衔接阶段是培养孩子阅读兴趣和阅读习惯的关键期，也是培养孩子独立阅读能力的重要阶段。家长可以和孩子参加系列读书活动，如“快乐阅读节”“参观图书馆”“好书推荐”等活动，激发孩子的阅读兴趣。

4月23日是“世界读书日”，幼儿园组织孩子们和家长们一起开展参观图书馆的活动。活动当天，大家在图书馆前集合。老师给大家介绍了本次活动的意义、活动内容及相应的礼仪要求后，大家陆续走进图书馆。图书馆馆员姐姐带领大家走进大厅，简单介绍了图书馆的布局，之后就带大家进入少儿阅读馆，并向大家介绍了少儿馆里图书的分布情况：一边是幼儿园小朋友喜欢的绘本区，一边是小学生哥哥姐姐喜欢的图书区。

图书馆里有丰富的阅读资源，能够满足孩子广泛阅读的需要。参观图书馆的活动能让孩子认识图书馆，知道相应的阅读规则，感受许多人共同读书的氛围。家长应让孩子从小走进图书馆、认识图书馆、爱上图书馆。

（六）不同类型的读物，可以拓展孩子的阅读范围，丰富孩子的阅读经验

家长要有意识地为大班的孩子提供包括科学类、文学类、思维训练类、工具类等在内的不同类型的儿童读物，如《那是谁的房子？》《小黑鱼》《恐龙世界》《100层的房子》《十万个为什么》《大卫，不可以》《彩虹色的花》等。不同类型的读物不仅能激发孩子的阅读兴趣，而且能使孩子从中获得多种经验。

露露有一个专属自己的书架，书架上有各种各样的图书，包括故事类的绘本、科学类的认知图书、思维类的益智图书等。露露的爸爸妈妈每天都让露露先选择想看的书，再选择是独立阅读，还是和爸爸妈妈一起看。

爸爸妈妈不仅会给露露看书讲故事，还会和露露玩书中的游戏。

这一天，露露选择了一本《找不同》，这是一本可以发展孩子观察对比能力和思考能力的益智图书。露露和爸爸开展了一场“看谁找得快”的比赛。父女俩盯着画面，不断在左右两个页面中来回观察和比较，每找到一个不同的地方就在相应的

位置上放一块小积木，露露放红色的积木，爸爸放蓝色的积木。露露玩得很认真，每发现一个地方、放上一块积木就会兴奋一下。有时爸爸会追赶露露的节奏，露露就变得紧张起来；有时爸爸又故意找不到，逗得露露得意地笑。

露露有自己的书架，有自主选择图书的自由。她的爸爸妈妈则会根据孩子的选择变换不同的角色，或是给孩子讲故事的人，或是与孩子进行阅读比赛的人。孩子成为阅读的主体，感受阅读不同图书得到的不同的愉快体验，收获了亲子共读的美好时光。

延伸拓展

一、阅读推荐

> >> 1.《阿立会穿裤子了》（著者：［日］神泽利子；绘者：［日］西卷茅子；出版单位：明天出版社）

推荐理由：这是一本引导和鼓励孩子学习穿裤子的绘本。故事的主人公阿立为了学会穿裤子，经历了许多挫折，也闹了一些笑话。但是阿立没有放弃，经过一次又一次的练习，终于学会了穿裤子。

穿裤子对我们来说是一件很平常的事情，但是对于幼儿期孩子来说，学会穿裤子既是掌握了一项新本领的表现，也是自己体验成就感的机会，在其成长的路上同样意义非凡。

> >> 2.《袜子怪找袜子》（作者：［美］弗兰克·W·多默；出版单位：二十一世纪出版社）

推荐理由：谁没有丢过袜子呢？在故事里，袜子怪也丢了一只袜子。为孩子乱扔东西而苦恼的爸爸妈妈或许可以借此机会教育孩子收拾个人物品，讲故事、摆道理，再带孩子亲手叠袜子、放袜子，说不定孩子能就此养成一个好习惯。

› ›› 3.《谁藏起来了》(作者:[日]大西悟;出版单位:二十一世纪出版社)

推荐理由:本书看似简单,却有着丰富的内容,里面包含很多元素,诸如动物认知、特征记忆、颜色变化、前后对比、细节差异等;内容编排由易到难,巧妙的艺术构思结合精致的手工剪贴,实现了动物们轮流躲藏、变换姿势的效果,似乎在和孩子玩捉迷藏的游戏。通过快乐的游戏,孩子可以初步认识可爱的动物,并且在一次次的猜谜中增强观察力、记忆力以及对动物特征的理解。不管是在幼儿园集体阅读还是在家亲子共读,孩子都将兴趣盎然,乐在其中。

› ›› 4.《神奇飞书》(著者:[美]威廉·乔伊斯;绘者:[美]威廉·乔伊斯,[美]乔·布鲁姆;出版单位:晨光出版社)

推荐理由:莫里斯先生喜欢文字,喜欢故事,也喜欢书。他的人生就是一本他自己写就的书。可是一场飓风摧毁了所有的一切,包括莫里斯写的书。不过,书籍的力量将会拯救一切。

› ›› 5.《这是一本书》(作者:[美]莱恩·史密斯;出版单位:二十一世纪出版社)

推荐理由:生活在数字时代的驴子,只知道计算机与网络世界,不知道书是什么,因此,它很好奇地看着猴子手上的书,并站在计算机使用者的立场问了猴子一连串的问题。最后,驴子拿走了猴子手上的书,一边抱怨字太多,一边不自觉地沉迷在故事当中,忘了时间的流逝……

你的孩子是不是总缠着你要手机玩游戏?是不是到了该睡觉的时间还拿着平板电脑不想睡觉?是不是一上网就连门都不想出,而你千挑万选的书却在书架上蒙上了一层灰?《这是一本书》将帮助你点燃孩子读书的热情。

二、亲子游戏

› ›› 1.培养自理能力的游戏:穿脱衣服比赛

游戏玩法:家长和孩子给布娃娃穿脱衣服,谁穿脱得快谁就赢得比赛。也可以是家长和孩子比赛穿脱套头、拉链、扣扣子的衣服等。

2. 培养自理能力的游戏：夹豆子比赛

游戏玩法：家长和孩子每人面前放一个小碗，“参赛选手”分别手拿筷子，用筷子把豆子夹到自己面前的小碗里。在规定的时间内，谁面前的小碗里的豆子多，谁就赢得比赛。

3. 培养幼儿注意力的益智游戏：什么不见了

游戏玩法：在桌子上摆出多种物品，给孩子 1 ～ 2 分钟的时间观察这些东西。观察结束后，家长蒙上孩子的眼睛，随机拿走一个或者两个物品。之后让孩子观察桌面，请孩子说出什么东西不见了。反复数次后，家长可以根据孩子的表现酌情增加观察物品的数量或者拿走物品的数量，适当提升难度。

4. 语言游戏：有声故事书

游戏玩法：如果孩子特别喜欢某个故事，家长可以请孩子给这个故事录音，将孩子的故事录音上传相关平台并生成二维码，家长通过扫描二维码即可以让孩子听到自己讲的故事。如果孩子有兴趣，也可以将这些音频做成一个故事集。这样的作品，还可以作为礼物送给亲戚朋友、老师同学，相信孩子会非常开心。

5. 语言游戏：动物园里有什么

游戏玩法：家长和孩子一起阅读有关“动物园里的动物”等主题的绘本、画册，或者是带孩子参观动物园。阅读或参观之后，家长和孩子一起边拍打节奏边念“动物园里有什么”，家长先回答某一种动物的名称，如“老虎”，然后继续和孩子一起边拍打节奏边念“动物园里有什么”，再由孩子回答其它动物的名称。游戏中动物的名称不能重复，以此来复习读过或见过的动物。该游戏也可以改为“马路上有什么车”等不同类型的主题。

评估改进

一、自我评估

请家长阅读下面的测试题，根据孩子的实际情况和具体表现作答。如果符合，请勾选“是”；如果不符合，则勾选“否”。

（一）自理能力

	是	否
①孩子掌握了基本的生活自理能力，如自己穿脱衣服和鞋袜、洗手洗脸、擦鼻涕、擦屁股等。	□	□
②孩子能根据天气变化增减衣服。	□	□
③孩子有简单的劳动能力，如收拾整理自己的物品、扫地、倒垃圾等。	□	□
④孩子有良好的个人卫生习惯，如早晚刷牙、饭后漱口、勤剪指甲等。	□	□

（二）注意力

	是	否
①孩子能遵守纪律，玩耍时能按照家长或老师的要求进行游戏，课堂上能坚持注意力集中听讲或在固定位置上做事情半个小时左右。	□	□
②孩子能够迅速进入注意的状态，如上课时间到了能快速调整好状态，专心听老师讲课。	□	□
③孩子能够排除干扰，如上课时能专心学习，即使教室外面有吵闹声也不受影响；又如在家画画或者看书时，客厅有电视声也不受影响。	□	□
④孩子在集体中能注意倾听老师或同伴讲话，听不懂或者有疑问时愿意提问。	□	□

（三）阅读习惯

是 否

①孩子在阅读一本书或一个故事后能有序、连贯、清楚地向亲人、朋友、老师、同学等复述相关内容。 □ □

②孩子有一定的阅读经验，喜欢看书、听故事，且有较好的理解能力，能理解书中的故事内容，并有自己的见解。 □ □

③孩子能用图画或符号表达事物或故事，并且在写画时保持正确姿势。 □ □

【评估参考】

①若您选的“是”越多，说明您孩子在自理能力、注意力、阅读习惯等方面发展得越好。

②若您选的“否”越多，说明您孩子在自理能力、注意力、阅读习惯等方面的发展有所欠缺，还需继续培养。

二、改进计划

请家长根据孩子的具体情况为自己的孩子拟订一个改进计划。

1. 孩子生活自理能力现状分析及改进计划。

2. 孩子注意力现状分析及改进计划。

3. 孩子阅读习惯现状分析及改进计划。

第五专题 会听会说坐得住

我们在日常生活中常看到很多小学一年级学生的家长很焦虑：为什么孩子上课时坐不住？为什么老师教了那么多遍孩子还是记不住？为什么孩子上课不敢举手发言？……这些问题让不少家长十分苦恼。其实，如果家长能在孩子学龄前提前关注这些问题，给孩子正确的引导，孩子进入小学后就会顺畅很多，家长的心理准备也会充分很多。

幼儿园大班的孩子即将升入小学，处于幼小衔接中的关键期。家长若能抓住这一关键期，多了解这个阶段孩子的心理所需和学习所需，有意识地为孩子做一些铺垫，给予孩子正确的引导和帮助，幼小衔接将会事半功倍，孩子的学习成长之路也会更加顺利。

从长远来看，培养孩子良好的学习习惯和学习能力，比向孩子灌输知识更加重要。良好的学习习惯会让孩子受益终身，而在幼儿园时期，尤其是大班阶段，孩子即将面临小学的新的学习任务，巩固和强化良好的学习习惯和学习能力比被动、机械地获取知识本身更重要。会听、会说、坐得住是孩子学习任何一个学科都必须具备的基本能力，直接影响孩子的学习成效。因此，对孩子学习习惯和学习能力的培养在幼儿园大班阶段教育中占据着重要的地位。本次专题，我们就一起来探讨家长能为培养孩子良好的学习习惯和学习能力提供哪些帮助和支持，孩子出现不良学习习惯时家长应该怎样帮助纠正等问题。

案例分析

案例一 认真听，学习才轻松

凡凡从小就活泼好动，平时在家就让爸爸妈妈觉得“不听话”，对于爸爸妈妈的话，凡凡经常是左耳进、右耳出，像吃饭、洗澡、睡觉这些事也要爸爸妈妈反复催促才有所行动。凡凡上幼儿园时，老师就经常向家长“投诉”：很多规则老师反反复复提醒很多次，凡凡还是记不住；在集体教学活动中，别的小朋友在发言或者是老师在讲话的时候，凡凡经常跟旁边的小朋友聊天；去户外活动的时候，老师跟小朋友事先强调了活动的范围和活动的注意事项，凡凡却总跑到活动区域外……

上小学后，小学老师对凡凡经常不注意听别人讲话这个问题也很是头疼。凡凡刚上小学，老师就跟爸爸妈妈反映凡凡上课总是开小差，经常东张西望，很多时候老师讲的知识点、提的要求，凡凡都听不进去。二年级时，开学不到一个月，凡凡就迎来了上小学后的第一次数学测试。因为是第一次，很多孩子都没有经验，因此得分也不高。数学老师讲评后把试卷发给小朋友，让他们仔细订正，并特意强调回家后让家长在试卷上签名，表示家长已经确认孩子做过订正，还叮嘱孩子们把这个要求认真记录在家校联系册上。凡凡听讲的时候不太专心，只记得要订正错题，没留意老师要求家长在订正后签字。凡凡爸爸因为不知道要签名这回事，自然就没有签名。

那一次，除了凡凡的爸爸，还有部分家长同样因为孩子没有说清楚老师的要求而没有在试卷上签名。凡凡的数学老师一向对学生要求比较严格，第二天放学后，数学老师把那些试卷上没有家长签名的学生留下来，再次告诉孩子们回家要让家长补上签名，还要求这些家长必须跟他电话沟通。凡凡爸爸知道后立马打电话向数学老师道歉，并表示以后一定记住签名的事情。

孩子进入小学之后，学习任务将不断加重，学习的节奏也会逐渐加快。如果孩子没有在上小学前养成认真听课的习惯，上小学后就难以消化老师教的很多知识，也会时常忘记老师提出的要求。造成这种情况的主要原因还是孩子在小学入学前，家长不重视孩子良好习惯的养成，孩子没有养成良好的倾听习惯，没有良好的专注力。案例中的凡凡在上小学之前就没有养成认真倾听的习惯，上小学后自然也就不能很好地听清、记住老师的要求。

有些家长可能会认为案例中的这位老师做得太过分了，不必因为这么一件小事就兴师动众，但其实这位数学老师并不是在乎签名这个结果，而是希望自己的学生能从这次经历中吸取教训，上课一定要认真听讲，也希望家长能认真对待学校和老师的要求，对于需要配合的事情要尽力做好。

在幼儿园阶段，孩子们主要通过游戏活动等方式学习和成长，所以他们较少感到枯燥和厌倦。而小学的学习方式跟幼儿园截然不同。小学以课堂教学为主，学生需要在固定位置上专心听老师授课，这就容易导致刚入学的孩子坐不住，甚至出现分心走神的情况。因此，我们要在孩子入学前帮助孩子养成认真做事的习惯，并想办法提升孩子的专注力，让孩子在做事情的时候能够保持专注，不被干扰，听得仔细。家长可以从以下几个方面努力。

> >> 1. 认真的态度从生活开始

孩子的学习态度和学习习惯出现问题，我们往往能在他们的生活态度和生活习惯方面找到根源，一个对待日常事务都很认真和投入的孩子，往往也会认真对待学习。案例中的凡凡正是因为在日常生活中没有养成认真对待事情的习惯，所以在学习中也容易马虎了事。培养孩子认真的学习态度，要从培养孩子认真的生活态度开始。无论是学习还是生活，家长都应该要求孩子认真对待。

以收拾玩具为例，很多家长感到头疼。其实，收拾玩具的习惯是需要从小开始培养的。家长应该在孩子小的时候就跟孩子约定好，每一次玩完玩具以后都要收拾好玩具，并督促孩子遵守约定，帮助孩子养成认真对待自己事务的习惯。

2. 认真的习惯从倾听培养

如果我们想让刚入学的小学生认真听课，除了培养孩子认真的态度，还要帮助孩子养成良好的倾听习惯。倾听是细心地听。良好的倾听习惯是孩子养成良好的学习态度、有效学习的重要保证。让孩子学会倾听，我们可以从让孩子了解倾听的礼仪和培养孩子倾听的习惯两方面入手。

在培养孩子倾听的习惯之前，需要先让孩子了解倾听的礼仪，包括倾听时眼睛看着对方，不随意插嘴、打断，等等。培养孩子倾听的习惯，可以从以下几个方面入手：首先，教给孩子一些倾听的方法，如带着问题听、听最主要的部分或重点部分、听记说相结合等。其次，创设倾听的机会与环境，可以让孩子经常有机会在家庭中表达自己的想法，鼓励孩子积极参与家庭成员间的交流，在交流中学习倾听也可以。让孩子听清任务并尝试完成，经常做些“传话”“找话语中的错误”等小游戏，让孩子学会仔细地听，并在倾听时积极思考，提升倾听的能力。最后，给予适当的鼓励和表扬。如果我们善于发现孩子的进步并给予积极的评价，就能满足孩子被肯定的需要，并激励孩子保持这种良好的倾听习惯，比如“你听得这么认真，真有礼貌”“这么一点区别都被你找出来了，你好棒”……一句赞美，一个微笑，都会收到明显的效果。

3. 认真的行为从细节抓起

认真的态度和习惯必须体现到具体的行为上，而认真的行为则要从细节抓起。收拾自己的玩具、遵守彼此的约定、做到承诺的事情、认真对待每件事情……孩子只有关注到每一个细微之处，将认真的态度和习惯落实到具体的行动之中，才能真正做到认真对待包括学习在内的各项事务。

案例二 老师不可怕，发言要主动

“我的孩子上一年级了，从来不主动举手发言。她在上幼儿园的时候就是这样，现在上小学了还是这样，老师叫她回答问题，她也不敢说。我该怎么办呀？”丽丽的妈妈在跟朋友聊到孩子的教育问题时显得有些着急和激动。丽丽从小性格就偏内向，胆子也不是很大，不是那种特别喜欢表现的孩子，所以上课不会主动发言。丽丽在上幼儿园期间，老师就向家长反映过这个情况。虽然丽丽自己不主动举手回答问题，但是如果老师抽到她，请她回答问题，她也能回答出来。自从老师向丽丽妈妈反映了这个问题之后，丽丽妈妈就经常鼓励丽丽不要害怕，要大胆地表达自己的想法，老师提问的时候要积极地回答。在老师和妈妈的鼓励下，丽丽偶尔也会主动回答老师的提问，但是丽丽主动回答问题的积极性依旧不高，不敢发言、不敢表达自己想法的现象还是没有从根本上得到改善。

丽丽妈妈很希望自己的孩子进入小学后能慢慢变得自信大方，在课堂上能够积极主动地举手回答问题，通过得到老师的表扬来建立其学习的自信和兴趣。可是丽丽进入小学一年级之后不久，语文、数学、英语三个科目的老师就都向丽丽妈妈反映了丽丽性格内向，上课不爱举手发言这个问题。丽丽妈妈很苦恼，想了个新方法，觉得榜样的力量一定有用。于是，她鼓励丽丽和那些性格活泼，经常举手发言的孩子做好朋友，告诉丽丽要向这些主动举手发言的同学学习。可是，丽丽明显不买妈妈的账，依然不举手发言。

良好的语言表达能力不仅对孩子的心理健康发展和社会性发展有着重要的作用，还对孩子的智力发展有重要的促进作用。能大胆地发言、表达自己的想法，是孩子语言表达能力较强的一个表现。所以，家长往往希望自己的孩子能大胆地举手发言，相信案例中丽丽妈妈的愿望也是大多数家长的愿望。但是，孩子不爱举手发言的情况依旧不少。

实际上，在小学里，不仅是一年级的学生，很多高年级学生也不喜欢主动发言。这一方面是因为目前学校的教育形式还比较传统，课堂的氛围不太活跃，难以调动学生的主动性和积极性。另一方面，也跟孩子的性格特征和家庭教养方式密切相关，有些孩子是因为性格偏内向、胆小怕犯错而不爱表现，对于很多事情都不会主动争取，上课发言也是如此；有些孩子是因为家长比较专制，被要求所有的事情都必须听大人的，自己的天性因此被压抑，久而久之，就失去了个性，变得更被动，上课时自然就不会主动发言了。

案例中丽丽的妈妈也曾多次鼓励孩子大胆发言，收到了一点效果，可是效果既不明显也不长久。其实这是因为丽丽妈妈的方法还没有激发丽丽主动发言的内驱力，所以才会收效甚微，比如丽丽妈妈想通过鼓励丽丽向身边的同学学习的方式来改变孩子不爱举手发言的习惯。但是，不恰当的比较，往往会引起孩子的反感，让孩子产生如“我为什么不如别人”等困惑，甚至让孩子对自己失去信心，适得其反。学前阶段是孩子语言发展的黄金时期，研究表明，个体接受良好的早期语言教育会促进其后期语文能力的发展。对于 5 ～ 6 岁的孩子而言，接受良好的语言教育是幼小衔接的重要内容。

每一个孩子都与众不同，都有自己的性格特征，家长不能要求所有的孩子都有一样的表现。对于不爱主动表达的孩子，家长应该尽可能给孩子营造一个宽松的家庭氛围，鼓励孩子主动地表达自己的想法，积极地争取展现自己的机会。其实，家长不必太过纠结孩子是否主动举手发言这件事儿，而应以平常心对待，并在日常生活中给予孩子一定的支持与帮助。在孩子上小学前，尤其是大班阶段，家长可以从以下几个方面努力。

1. 尊重孩子的想法

尊重孩子自己的想法，鼓励孩子表达自己的观点，不要轻易打断孩子说话。家长不能要求孩子完全按照成人的方式去思考问题，更不能随意打压孩子自己的想法，而应该鼓励孩子进行独立思考和判断。一个善于独立思考、具有自己想法的孩子，往往能受师友的喜爱；即使孩子不是主动发言的类型，也能从别人的鼓励中收获自信，这都会成为激励孩子下一次主动发言的动力。

2. 尊重孩子的选择

生活中充满了各种各样的选择，大到诸如“读什么样的学校”这样影响长远的决定，小到诸如“今天吃什么”等日常琐事，都需要抉择。在这些选择面前，是父母代劳还是给孩子选择的权利，会在一定程度上影响孩子自主性和独立性的发展。能够自己做选择，会增强孩子的自我存在感。拥有自主选择权利的孩子，往往会逐渐变得独立自主，成为一个具有独立人格、敢于发表不同意见、勇于坚持自己立场的人；同时，孩子在独立做选择的过程中还能学会主动承担自主选择的后果，增强自己的责任心，而一个独立自主、敢于负责的人，往往也会更主动和积极。

3. 让孩子体验成就感

孩子的成长需要家长和老师的鼓励，孩子的胆量需要有更多机会来锻炼，孩子的自信需要在真实的体验中得到增强。就主动发言来说，如果孩子有比较多的发言机会，且能得到老师的鼓励和肯定，他的成就感就会越来越强，就会逐渐提升自信心。

4. 缓解孩子对老师的恐惧

有些孩子不愿意举手发言，可能是由于对老师有恐惧感。在幼儿园和小学一年级孩子的心目中，老师处于绝对权威的地位，这种想法无形中会给孩子带来压力，胆小的孩子甚至还会产生对老师的恐惧心理。如果孩子是因为畏惧老师而不敢主动发言，家长可以想办法逐渐消除孩子对老师的恐惧感，如跟孩子一起玩角色扮演的游戏等，鼓励和引导孩子主动发言，帮助孩子减轻对老师的恐惧感，提升自信心。

5. 切忌责骂和强迫孩子

有些老师会将孩子不肯主动举手发言的情况告知家长。这时家长要理性对待，保持理智，先跟孩子一起找找原因，并鼓励和引导孩子今后多举手发言，千万不要就此给孩子贴上“不积极、不认真、不努力”的标签而随意责骂孩子，更不要强迫孩子。

案例三 坐得住，学习才有效

壮壮是一个活泼好动的孩子，喜欢各种新奇的东西。小时候玩玩具，他喜欢一样一样不停地换，每一样玩具都是玩几下就丢，然后去拿其他玩具玩。上幼儿园之后，老师经常跟家长反映壮壮做事容易分心，无法集中注意力，总是坐不住，老想往外跑的情况。比如集体活动时，壮壮经常被其他的东西吸引而离开集体去做自己的事情。又如壮壮平时在幼儿园画画、做手工、看图画书时，也经常不能坚持到最后，总是想摸摸这摸摸那，一会儿要喝水，一会儿又要上厕所……总之，壮壮很难安静地做完一件事情。

在一次集体活动中，所有的小朋友都在认真地跟着老师学习儿歌，只有壮壮坐着还不到10分钟，就自己跑出了教室，甚至跑到了离教室很远的种植区，老师找了很久才找到壮壮。老师觉得壮壮总是坐不住，经常离开老师的视线，这已经影响到壮壮的安全了。在开家长会的时候，老师再次跟壮壮妈妈反映了壮壮在教学活动时“坐不住”的问题，壮壮妈妈很生气，一回到家就大声斥责壮壮:“我跟你说过多少遍了！要听老师的话，认真听课，不要东摸西摸、到处乱跑。你为什么就是做不到？我就不明白，别的小朋友都能坐得住，为什么你就不能学学他们呢？”妈妈突然这么严厉地斥责让壮壮很害怕，壮壮大哭了起来。

专注力和自我控制能力是孩子自我成长的秘密武器，虽然看不见、摸不着，但这些能力时时处处都在影响孩子的成长和发展。从幼儿园进入小学，孩子只有学会在这个全新的世界里更好地掌控自己，学会更好地与人交往，才能真正做到有效衔接。案例中处于幼儿园大班阶段的壮壮总是坐不住，这反映出壮壮的自我管理和自我控制的能力比较弱，做事容易分心，很难持续地专注于一件事情。

对于学龄儿童来说，良好的专注力和自我控制能力有助于学习成绩的提高和社会交往能力的培养。经常能看到有小学老师“诉苦”：最难教的孩子就是“坐不住”的孩子。可见“坐不住”是影响小学生学业成绩的重要因素。大班的壮壮即将步入小学，开始小学的学习生活，如果家长和老师不注意培养壮壮养成专注的学习习惯，上小学后壮壮会很难适应，进而影响学业成绩，也会影响学习的热情和自信心。为了帮助孩子“坐得住”，家长可以从以下几个方面入手。

1. 保证充足睡眠

有研究表明，长期睡眠不足容易让人感到压力，禁不住诱惑，还会让人难以控制情绪，难以集中注意力。我们要尽可能保证孩子的睡眠时间，让孩子始终保持充足的生理能量。这需要我们培养孩子良好的睡眠习惯，督促孩子早睡早起，规律作息。

2. 找到孩子的兴趣点，减少干扰

孩子沉迷于自己感兴趣的事情，往往是其集中注意力的开始。家长要抓住孩子感兴趣的事情，以此培养孩子的专注力。比如孩子十分喜欢画画，那么家长就应该鼓励孩子经常写写画画，并注意在孩子画画的时候，家长不要过多地干扰，不要轻易打断孩子的活动，像不时让孩子喝水、吃水果、上厕所等。这样的干扰会分散孩子的注意力，久而久之，孩子就会养成分心的习惯，很难持续地专注于某一件事情。

3. 帮孩子把目标具体化

家长要有足够的耐心等待孩子专心完成自己的事情，帮助孩子学会坚持。但现实中往往有家长缺乏耐心，总忍不住代劳，如有些家长教孩子收玩具时，看到孩子因难以集中注意力而久久收拾不好玩具，便失去了耐心，不等孩子自己收拾好就忍不住要代劳。其实，这对孩子养成坚持的习惯是极为不利的。家长可以给孩子提这样的要求：你要把刚才玩的所有的玩具都收好，才能去做下一件事情，并跟孩子明确要完成到什么程度才能离开。这样做有助于孩子弄清楚自己的目标，从而更容易集中注意力去实现。

4. 给孩子分配与其能力相匹配的任务

除了明确任务目标，家长给孩子分配的任务在难易程度上要适中，要与孩子现阶段的能力相匹配，既不能太难也不能太容易，否则孩子没有成就感和满足感。目标的难度一般需要设置为稍高于孩子现有水平，这就是我们通常说的“跳一跳就能摘到桃”。孩子经过不断地积累，逐渐具备可以跨越目标难度的能力，就能够像玩游戏时不断通关一样的达到阶段目标。孩子能在提升能力和跨越难关中获得成就感和满足感，进而更加喜欢尝试挑战，做起事情来也会更加专注，实现良性循环。

了解孩子

一、倾听和表达的习惯

3～6岁的孩子处于语言发展的关键期，而口语交流能力直接指向“听”和“说”，因此听说能力的培养是这一阶段孩子语言学习的重中之重。孩子需要学会不断倾听和理解交流者的话语，并且掌握在不同的社会交往情境中通过语言来表达自己想法的能力。可以说，3～6岁这个阶段的口语交流经验为孩子的语言系统的建立奠定了基础，同时也为孩子将来成长为合格的社会交流者做好了准备。

听说能力中的“听”即“倾听”。倾听是感知语言的行为表现，也是理解语言的重要途径。只有懂得倾听、乐于倾听并且善于倾听的人，才能真正理解语言传递的信息和意义。养成良好的倾听习惯要从学前阶段开始，就幼儿期孩子语言学习和发展而言，倾听是不可缺少的一种行为能力。

《3～6岁儿童学习与发展指南》中的语言领域倾听与表达部分提出的第一个目标为认真听并能听懂常用语言，其中对5～6岁的孩子提出了在集体中能注意听老师或其他人讲话，听不懂或有疑问时能主动提问，能结合情境理解一些表示因果、假设等相对复杂的句子的具体目标。《小学入学适应教育指导要点》中指出在日常生活和课堂教学中能领会同学和老师说话的主要内容，并能积极做出回应，是孩子在学习方面适应小学生活的表现之一。这些目标的提出，实际上要求孩子在语言学习与发展过程中学会有意识地倾听别人所说的话，并获得在倾听中分析和理解的语言能力。

听说能力中的“说”即“表达”。表达是以一定的语言内容、语言形式以及语言运用方式进行交流的行为。儿童语言研究表明，只有懂得语言表达的作用，愿意向别人表达自己的见解，并且能够清楚地表达的人，才能真正与人进行语言交流。

《3～6岁儿童学习与发展指南》中的语言领域倾听与表达部分提出的第二个目标为愿意讲话并能清楚地表达，其中对5～6岁的孩子提出了愿意与他人讨论问题，敢在众人面前说话，能有序、连贯、清楚地讲述一件事情等具体目标。《小学入学适应教育指导要点》中指出能较完整地讲述小故事，能简要讲述自己感兴趣的见闻，是孩子在学习方面适应小学生活的表现之一。

良好的语言行为习惯是语言交往获得成功的前提。《3～6岁儿童学习与发展指南》中的语言领域倾听与表达部分提出的第三个目标为具有文明的语言习惯，其中对5～6岁的孩子提出的具体目标包括别人讲话时能积极主动地回应；能根据谈话对象和需要，调整说话的语气；懂得按次序轮流讲话，不随意打断别人；能依据所处情境使用恰当的语言，如在别人难过时会用恰当的语言表示安慰。

以上点明了大班的孩子口头语言学习与发展的重点。家长在孩子语言习惯的培养上除了引导孩子认真听、大胆说，还要引导孩子在不同的社会交往场景中注意讲文明、有礼貌，逐步成为愉快的交流者，这对孩子快速适应小学的学习和生活至关重要。

二、认真专注的品质

教育研究结果表明，只追求知识目标，只重视立竿见影的、可测量的、应试的外源性知识学习，而忽视孩子内在学习品质的培养，是不利于孩子长远发展的。《3～6岁儿童学习与发展指南》也指出：“忽视幼儿学习品质培养，单纯追求知识技能学习的做法是短视而有害的。”良好的学习习惯就像是充盈在生活中的空气，尽管看不见、摸不着，却须臾不可缺少。只有呼吸新鲜的空气，孩子的身心才会健康；只有培养孩子良好的学习习惯，才能保证孩子学习与发展的质量。持之以恒地培养孩子坚持不懈、认真专注的态度和习惯，能为其终身学习的能力打下良好的基础。

《小学入学适应教育指导要点》中指出孩子适应小学学习的一个重要表现就是做事专注，能有意识地调整注意力。认真专注对孩子很重要。孩子能否“坐得住”，其实就反映了孩子是否具有坚持不懈、认真专注的良好学习品质。所谓专注，是指一个人专心注意某一事物或活动时的心理状态。保持良好的注意力是大脑进行感知、记忆、思维等认识活动的基本条件。法国生物学家乔治·居维叶说：“天才，首先是注意力。”在漫长的学习过程中，注意力是打开我们心灵的门户，门开得越大，我们学到的知识就越多。一旦注意涣散，一切有用的知识信息都无法进入。

很多时候，家长会感觉自己的孩子无法集中注意力，不能专注地完成事情。归根结底，这和孩子的脑部发育程度有着很大的关系。科学家解释道，一般来说，一个人只有在20岁之后，其大脑中控制注意力的部分才能够完全发育成熟。小孩子不能长时间集中注意力，是正常的情况，因此家长无需过分焦虑，只需要通过一些科学的方法来提升孩子的注意力。一般可以从外部因素和内在驱动力两个方面入手提升孩子的注意力。

实施指南

一、《3～6岁儿童学习与发展指南》

教育部于2012年印发了《3～6岁儿童学习与发展指南》（以下简称《指南》）。《指南》以为幼儿后继学习和终身发展奠定良好素质基础为目标，以促进幼儿体、智、德、美各方面的协调发展为核心，通过提出3～6岁各年龄段儿童学习与发展目标和相应的教育建议，帮助幼儿园教师和家长了解 3 ～ 6 岁幼儿学习与发展的基本规律和特点，建立对幼儿发展的合理期望，实施科学的保育和教育，让幼儿度过快乐而有意义的童年。

二、《小学入学适应教育指导要点》

教育部于 2021 年 3 月印发了《关于大力推进幼儿园与小学科学衔接的指导意见》(以下简称《指导意见》)，部署推进幼儿园与小学科学有效衔接的工作，针对长期以来存在的衔接意识薄弱、过度重视知识准备、衔接机制不健全等问题，提出了一系列有针对性的重要举措。《指导意见》中的附件 2《小学入学适应教育指导要点》指出，要充分理解和尊重新生在原有经验、发展速度和发展水平上的差异，有针对性地为每个儿童提供个别化的指导和帮助，通过正面的肯定和鼓励，支持儿童不断获得积极的入学体验，促进他们按照自己的速度和方式逐步适应小学生活，切忌提过高的统一要求或进行横向比较，以免挫伤儿童入学的积极性。

三、2019 年全国学前教育宣传月“科学做好入学准备”的宣传手册和视频

学前儿童的不同成长阶段自有其特点和价值。2019 年全国学前教育宣传月以“科学做好入学准备”为主题，其宣传手册是中国学前教育研究会送给即将步入小学的孩子及其家长的一份六一儿童节礼物，旨在宣传正确的入学准备理念，分析入学准备中存在的问题，解答公众的相关疑问，倡导科学的入学准备实践。

延伸拓展

一、阅读推荐

> >> 1.《起床了，穿衣服》（作者：本书编写组；出版单位：世界图书出版广东有限公司）

推荐理由：本书着眼于帮助家长解决孩子成长过程中遇到的问题，从孩子日常表现入手，通过趣味十足的故事和绘画，让孩子在不知不觉中养成良好的行为习惯，培养孩子良好的性格，让孩子获得尊重、自信和安全，从而快乐健康地成长。

> >> 2.《一模一样的在哪里？》（作者：[德]布丽塔·泰肯特鲁普；出版单位：二十一世纪出版社）

推荐理由：这是一本考验孩子眼力的游戏书，从造型到颜色，从细微的服饰搭配到动物的密集程度，挑战一步步升级，由此给读者带来的成就感和愉悦也一步步升级。本书语言富有韵律，像童谣一样朗朗上口，幽默风趣的同时，又能让孩子体会到一些人生道理。

> >> 3.《德国经典专注力亲子游戏书 第一辑》（全3册）（作者：[德]拉尔夫·布奇科；出版单位：天津人民出版社）

推荐理由：这不是一套普通的找错书，而是一套借助找错巧妙激励孩子探索和思考，全方位提升学习能力的亲子游戏书。每本书都有十余幅跨页场景图，每幅图中都隐藏着许多错误。这些错误，不论显而易见，还是深藏不露，都融入了丰富的知识点。每处错误都似是而非，需要一看再看才能发现，能调动孩子的积极性，激励他们不断探寻，从而增长知识、锻炼能力。

> >> 4.《窗边的小豆豆》(著者:[日]黑柳彻子；绘者:[日]岩崎千弘；出版单位:南海出版公司)

推荐理由:《窗边的小豆豆》是一部儿童文学杰作，讲述了作者黑柳彻子上小学时的一段真实的故事。小豆豆因淘气被原学校退学后，来到巴学园。在小林校长的爱护和引导下，一般人眼里“怪怪”的小豆豆逐渐成了一个大家都能接受的孩子。“世界上可怕的事情，莫过于有眼睛却发现不了美，有耳朵却不会欣赏音乐，有心灵却无法理解什么是真。不会感动，也不会充满激情。”《窗边的小豆豆》不仅带给千万读者无数的笑声和感动，而且为现代教育的发展注入了新的活力，是世界上极有影响力的作品之一。

> >> 5.《人生设计在童年:哈佛爸爸有话说》(作者:[美]高燕定；出版单位:广西师范大学出版社)

推荐理由：本书以作者女儿高倩的成长过程为线索，讲述一个普通中国女孩如何在父亲的引导下，从小树立人生理想和职业目标，在预期的人生轨迹上奋力追梦，一步步达到理想目标；如何跨越中美教育的巨大鸿沟和差异，成为美国华尔街律师事务所出庭诉讼律师。作者用事实传达一个理念：在规范化的社会里，人生是可以设计的，而且应该从童年开始；有了科学、理性的人生规划，人们完全可以不凭机遇、不靠伯乐，按部就班地、可预见性地获得自我认识意义上的、必然的成功。作者以在美国大学21年的工作经历、对教育的深入研究和思考，向读者展示了精英人才的培养之道，倡导“超前”的童年人生设计和职业规划思想，阐述职业发展教育中“自我认识、教育与职业的关系、职业计划”三大环节的合理性、科学性和重要性，为孩子和家长描绘出顺利实现人生价值和到达理想彼岸的蓝图。

评估改进

一、自我评估

亲爱的家长，您好！您在实际生活中的情况与下面列出的表现是否相符？若相符，则选“是”；若不相符，则选“否”。

	是	否
1. 我经常陪孩子阅读，培养孩子的阅读兴趣。	□	□
2. 我经常在陪孩子玩游戏的过程中渗透一些知识性的内容。	□	□
3. 孩子遇到困难时，我总是让孩子先自己动脑筋想办法。	□	□
4. 我一直注意培养孩子守时的观念。	□	□
5. 生活中，只要是孩子能自己做的，我基本不帮忙。	□	□
6. 我经常带孩子去参观各种博物馆。	□	□
7. 我带孩子去超市购物时常常会与他一起做购物清单。	□	□
8. 在和孩子外出活动之后，我们会一起回顾活动的情况。	□	□
9. 我总是耐心回答孩子提出的各种问题，或与他一起寻找答案。	□	□
10. 我常常提出一些生活中的常见问题与孩子一起讨论。	□	□
11. 我经常带孩子接触大自然。	□	□
12. 我常常引导孩子观察周围环境的变化。	□	□
13. 我会教孩子认识日常生活中经常出现的符号或标志。	□	□
14. 孩子即将升入小学，我会激发他上学的欲望。	□	□
15. 我会坦然面对孩子在入学之初可能出现的暂时的不适应的情况。	□	□

二、改进计划

在完成以上测试后，请父母针对未做到、未做好的选项为自己拟出一个改进计划。

第六专题　期待向往是动力

幼小衔接是孩子步入正式教育的重要转折点，一个不懂孩子发展阶段及特点的决定往往会造成不可挽回的后果，因此需要所有的教师和家长以正确的方法提前做好准备。对家长参与幼小衔接的意义的研究发现：家庭对幼小衔接的影响十分深刻，家庭对孩子的发展意义重大，家庭对孩子在时间、空间、发展水平等方面的影响比任何一种家庭外的干预都要深远。其他有关研究也表明，如果家长能够积极、有效地参与幼小衔接的相关活动，如训练孩子的语言和读写能力，将能最大化地为孩子的入学提供帮助。可近几年，幼儿园有一个奇怪现象：大班孩子会在第一个学期或者第二个学期陆续退园，去园外上幼小衔接班。为什么家长不能安心地把孩子留在幼儿园读大班？到底应该如何认识退园上园外幼小衔接班这一现象？当我们把自认为对孩子来说是好的事情或观念强加在孩子身上时，是否思考过孩子的想法、可能的结果？基于此，要想让孩子顺利地适应小学的生活，需要家长建立合理预期，用适宜的期盼来引导孩子，努力实现更多正向的效应。

案例分析

案例一 家长过度期待，亲子双向担忧

很多大班的孩子学过珠心算、拼音、英语，有的还在练习写算式，写所谓的一年级作业等。不少家长一味“抢跑”，想让孩子将来在竞争择校、面试学校中争得一席之地，为上一个好的学校增加筹码。

周末花花不能休息，她要参加思维训练班，还要学画画、钢琴和主持。爸爸妈妈一直以花花为骄傲，逢人就说：“我家花花现在已经认识五百多个汉字啦，阅读了近百本绘本，能背近百首古诗词，20以内的加减法也早就会做了。”好多家长都以花花为例教育自己的孩子：“你看人家花花多聪明，多爱学习，已经认识那么多字了，到了小学肯定棒棒的。”

苗苗妈妈对自己的孩子马上要上小学这件事感到非常焦虑。每天苗苗回到家，苗苗妈妈都要问“今天幼儿园老师教拼音了吗”“有学写字吗”“回到家有练习写字的任务吗”等问题。这天，面对这些问题，苗苗回答说没有，妈妈的语气一下子提高了许多：“啊？没有啊？那你今后到了小学跟不上可怎么办？到时候你的同学都会了，而你不会，他们会瞧不起你的！等会儿，你要给我好好地读，然后写出来给我看。”

家长不适当的期待或让孩子超前学习的做法会给孩子带来诸多危害，或许会好心办坏事，无法促使孩子产生对小学生活的向往之情。

1. 从成长角度来说，造成揠苗助长的后果

第一，孩子在生理和心理方面没做好准备。学龄前孩子大脑和身体的发育还不完善，注意力集中时间短，很少有孩子能坐下来进行正规学习。知识可以短期突击、立竿见影，能力却需要长期培养。第二，小学中、高年级之后知识难度提高，让孩子抗拒学习。如果孩子过早接触拼音和算术，在小学一、二年级，因为之前就学过的知识对孩子来说没有

难度，学起来也很轻松，孩子就会误以为学习很简单。但到了小学三年级，学习内容的难度开始提高，孩子会感到越学越难，越难就越跟不上，成绩就会越来越差。

> >> 2. 从身心上来说，扼杀孩子的天性

游戏是幼儿期孩子学习的最基本形式，是接受知识的重要形式，孩子的天性是喜欢玩耍，因此，幼儿园会设计一系列科学的游戏活动。但是一些幼小衔接班，只重视孩子学多少知识，重视一些显性的短期可见的效果，一味地讨好、迎合家长不懂教育的盲目心理，全然不顾孩子的年龄特点，强制性地要求孩子学习，限制了孩子的创造性与天性的发展，夺取了孩子游戏的机会，泯灭了孩子活泼好动的天性，剥夺了孩子的快乐。

> >> 3. 从健康上来说，危害孩子身心健康

第一，让孩子变得自卑。面对超出能力范围的知识内容，孩子学不好会影响自信心的建立，一旦错过孩子人格形成的关键期，这种伤害便无法逆转，从而使孩子形成自卑的性格。第二，造成骨骼发育的不可逆危害。孩子在 6 岁前，小手肌肉并未发育成熟，手部骨骼亦没成型，故这一阶段是不宜做精细动作的，如太过用力就会影响孩子手部骨骼的正常发育，严重的话还会导致手部畸形。第三，影响孩子大脑的正常发育。幼儿期是长身体的阶段，此时孩子的机体和神经系统都比较弱，大脑容易疲劳。过早、过多地进行规范性学习，不利于孩子肌肉与骨骼的发育，还会导致神经系统发育不良，给孩子的身心健康带来严重的危害。

明智的家长们，请注意不要焦虑、不要担忧，更不要为“贩卖焦虑”买单。对于大多数家长而言，纠结孩子要不要上幼小衔接班完全就是焦虑情绪在作怪，觉得孩子不上幼小衔接班到了小学就会跟不上，而这种焦虑和担心会让孩子对小学产生焦虑与恐惧，使得孩子的行为出现退化。其实，等到孩子真的上了小学，家长往往会发现自己的焦虑和担心都是多余的。因此，家长不妨放下担忧、转变观念，以轻松的心态对待幼小衔接。第一，家长的焦虑，不能强加在孩子身上。生活和工作的

压力很容易让家长对未知生活产生恐惧，总想要给孩子铺设一条“更好”的道路。实际上，我们总说什么年龄就做什么样的事情，家长实在不应该把自己的焦虑强加在孩子身上，让孩子和自己都为一件不确定的事情而担忧。第二，幼小衔接班，不是非上不可。孩子有许多更重要的事情，比如养成并坚持良好的生活习惯，做一个有毅力的人，等等。对于大班的孩子来说，家长预设的活动，尤其是学习活动，要符合孩子的思维方式、行为习惯和认知特点。那些强迫孩子听来的知识，让孩子通过机械性地记忆以及反复练习所“学会”的知识，往往不能启发孩子深度学习，有时候还会使孩子厌恶学习。其实，孩子不上幼小衔接班，也不见得就跟不上。幼小衔接的课程只是针对小学一年级的课程。很多家长会认为孩子一时跟不上，后面就会步步跟不上，就不能在小学阶段很好地完成学业。但一个孩子取得理想的成绩靠的是端正的学习态度和适宜的学习方法，而这些我们不能指望孩子在短短几个月的时间里在幼小衔接班习得。第三，家长须正确对待幼升小，不为机构套路买单。每年幼升小政策还没有出台，就有很多家长开始为幼小衔接焦虑，不仅到处打听有什么门路可以让孩子顺利进入心仪的小学，还到处查找有实力的幼小衔接培训班。实际上，这样会让家长多交“智商税”，耽误了时间，更错失了孩子宝贵的发展机会。

案例二　家长放任自流，孩子原地踏步

当大多数大班家长都在为自己的孩子选择各式各样的幼小衔接班时，强强的家长却一副不紧不慢、事不关己的样子。强强是一个在班上表现中规中矩的孩子，这样的表现来源于父母一贯的培养观念：遵循孩子自然发展的规律，不强求不强加，让孩子在自由的氛围中畅游，享受广袤无垠的蓝天所带来的无拘束感。但这样的观念父母真的能够很好地践行吗？

当别人家的孩子都在家长的指导下，有条不紊地开展任务意识和规则意识的训练时，强强爸爸说：“这些我的孩子都会了，不需要额外的

训练了。”所以在家庭教育中，他也不会刻意布置一些简单的家务或小任务给强强，有时还会嫌弃强强做得慢，干脆包办了一些小任务。久而久之，强强在幼儿园的活动中发现原本自己能够独立完成的事情，如收拾玩具、整理桌面或床铺等，现在却感到生疏了。他的脸上浮现出怀疑的神情：“这些我明明是会的啊，怎么成这样了？”回到家里，强强一脸的不开心，可是爸爸妈妈并未正确认识到这一变化，还以为是强强今天和哪个小伙伴玩得不开心呢。强强心里有事，又不敢告诉爸爸妈妈实情，闷闷不乐了好些天。

有时，强强父母会听说其他父母的做法。有的父母已经开始行动起来，为孩子在家里重新整理出了一个最安静、最整洁的地方，并准备好一张书桌、一盏护眼灯，作为孩子固定、独立的学习小空间；也有的父母为自己的孩子提前购买了文具盒、铅笔、转笔刀等文具，备好了水壶等用品，并教孩子自己整理书包……但强强父母还沉浸在自己当初上小学时的情景之中，觉得以前自己的父母也没有焦虑到如此地步，无论是在家中设置学习区，还是准备学习用品，找一个周末再准备也不迟。他们心想：“不慌，我们强强也不需要提前这么久就准备好，他是一个让我们特别放心的孩子。”

可是，当班上的孩子们围坐在一起，谈论着自己将要读的是哪所小学、那所小学长什么样，自己和父母一起准备了哪些学习和生活用品时，强强突然发现自己怎么都插不上话了。以前的强强可是班上的活跃分子，小伙伴们都围着他转，现在却不知怎的居然和小伙伴们连共同的话题也没有了，强强强忍着泪水，默默地走开了。渐渐地，强强失去了与伙伴沟通交流的欲望。回到家，强强看到的依旧是爸爸妈妈放任的态度。爸爸妈妈任凭强强自己安排自己的时间，不强加、不批评，以一种“与世无争”的态度面对着孩子的发展。

强强的父母把在幼小衔接工作中的不作为或者不做任何预备工作误认为是遵循孩子自然发展的规律，把小学知识学习的“零起点”简单地与“不焦虑”等同，还忽略了强强的情绪感受力和人际交往能力的培养。

大多数父母都希望自己成为孩子眼中开明、民主的父母，可是在处理一些重要事情时，却往往把自己的不作为简单地等同于民主与平等，误以为自己是还孩子以自由。事与愿违的是，父母的不作为往往带给孩子一些不可逆转的后果。案例中的强强已经表现出了消极的情绪特征，但强强父母对此没有敏锐地觉察出来，没有倾听孩子内心的声音，做出了误判，反将孩子的表现视作自然，放任自流。

可见，在幼小衔接工作上，父母还是要保持一颗警觉而敏感的心，关注孩子成长过程中的微妙变化，觉察孩子情绪情感的变化，关注孩子社会适应性方面的发展，尤其是社会人际交往能力的发展，真正给孩子提供能自由飞翔的翅膀。

案例三　家长小步推进，孩子爱学乐学

转眼，乐乐在幼儿园 3 年的学习与生活就要画上句号了。乐乐妈妈很庆幸自己在过去的 3 年间从未缺席过孩子成长的每一步，这些脚印坚定、坚决，即便中途也有坎坷，但至少孩子成长的总体方向是正确的。乐乐妈妈心里像乐开了花一样，也为过去 3 年自己与孩子一同成长的轨迹感叹不已。乐乐今年 9 月就要成为一名小学生了，乐乐妈妈仍然不忘请教专业人士，寻求关于幼小衔接工作的“灵丹妙药”。

为了帮助乐乐顺利地进入小学，并使她成为一名自信的小学生，乐乐妈妈冷静分析了乐乐的社会性发展的情况后，为其拟订了可以小步子实施的方案。乐乐妈妈认为，一个善于表达的人，容易获得别人的肯定；获得了别人的肯定，自然就获得了充分的自信。通常，在学校闷声不响的孩子，很难短时间内让老师、同学了解、喜欢，这样的情况往往会导致孩子不自信，使孩子对学习提不起兴趣，甚至害怕到学校去。因此，在入小学前，乐乐妈妈尽一切可能给乐乐自主表达自己的想法的机会，还会帮助她组织语言，提高语言表达能力。这样一来，孩子变得自信多了，在全班孩子面前展现自己时也更勇敢、更从容了，幼儿园或班级的一些活动现场也常能看到乐乐的身影，这身影勇敢而自信，还感染了其他小朋友呢。

回到家里，乐乐妈妈每天给乐乐布置一个任务，如扫地、拿牛奶、

分碗筷、倒垃圾、到楼下小超市买生活用品等。慢慢地，乐乐从被动地接受任务变为主动提出完成任务。最后，乐乐有了“不是爸爸妈妈让我做这件事，而是我长大了，我马上就要成为一名小学生了，我应该做这件事”的任务意识，乐乐妈妈便不再提出具体的要求，而是让乐乐自己规划。

平常，乐乐妈妈注重帮助孩子树立规则意识和安全意识。她说，小学的孩子有时要自己上学，受成人关注、照顾的时间相对较少，因此需要孩子学会自己照料自己，我们平时带孩子出去玩，要率先树立榜样，并提醒孩子遵守各种规则，如过马路走人行横道、上下楼梯靠右行、玩运动器械要轮流有序等，增强孩子遵守规则的意识，帮助孩子养成良好习惯，这将为孩子形成良好品质起至关重要的作用。乐乐在妈妈的言传身教下，也发生了一些改变，从以前出去玩时的大大咧咧、不管不顾的“调皮鬼”变成了时时谨慎、事事细心的“小大人”。

在生活上，乐乐妈妈也不马虎，她认为，幼儿园的孩子，生活上处处要依赖成人；升入小学后，情况一下子就发生了变化。所以，平常要让孩子学会自己的事情自己做，并逐步建立科学、稳定的生物钟，包括几点睡、几点起、几点学习、几点运动等。还没上小学，乐乐就已养成了规律的生活作息习惯。

乐乐妈妈一到周末就带着乐乐去家附近的小学溜达，和乐乐说这所小学的光荣历史和知名校友，还跟朋友圈中家里有一年级小学生的亲朋好友互动来往、带着孩子去拍证件照、一起买文具等，为乐乐升入小学做好准备工作。乐乐父母还时常与乐乐围坐在一起，和乐乐分享自己在小学校园时的趣事、乐事、喜事……在和谐、民主、温馨的家庭环境中为乐乐营造了即将成为小学生的喜悦氛围。乐乐在日记本里勾勒了她对小学生活的憧憬与期待：在操场奔跑、在升旗台前庄严地敬礼、在教室里读书、认真听课回答问题、写作业、与同学们一起探究发现……一幅幅画面似乎浮现眼前。

走进书店，经常看到一些家长争相翻阅“哈佛女孩”“北大状元”等成功成才的案例，一些急切地希望自己的孩子出人头地的家长回家后往往会照着这些书，像按菜谱烧菜一样逼着自己的孩子按部就班。

其实，这是没有必要的，因为每个孩子都有自己出色的地方，而家长要做的就是对孩子有正确的心理定位，看到孩子的优势，给予孩子最大的帮助与支持，促进孩子成长，引导孩子成为一个健康快乐、善良正直、自食其力的人。有了正确的心理定位，家长在家庭教育中的做法就不容易变得非理性。正如上述乐乐妈妈一样，对自己的孩子有了充分的认识后，才会用科学的方式去培养孩子，规划孩子的发展。

正如前面章节所描述的，上小学是孩子成长中的一件大事，家长要以积极的态度去感染孩子，帮助孩子正确认识小学及小学生的生活，不能用上学来恐吓孩子。在引导孩子向往上小学、期待上小学的过程中，家长要有意识地培养孩子一定的生活习惯和自主意识，如简单的卫生常识、良好的卫生习惯、一定的独立生活能力、时间观念、按时吃饭睡觉的自理能力、规则意识和任务意识等，顺理成章地将“小学生活”融入孩子生活中的每一处，适时地做好各项心理和物质方面的准备，营造让孩子乐于接受的家庭氛围，调动孩子积极愉悦的情绪，帮助孩子实现各方面的快速进步。

了解孩子

儿童心理学家皮亚杰认为：儿童成长经历的发展阶段并不是像阶梯那样界限分明，而是一个循序渐进的连续过程，每个阶段都有其特征，前后阶段之间具有质的差异，也有一定的交叉。任何个体都经历着各阶段由低向高的发展，不能逾越，也不能互换，按照一个不变的顺序持续推进。每一阶段本身又衔接上一阶段，包括上一阶段所准备的东西，并为下阶段的教育和教学创造了先决的条件。

儿童的心理时刻都在发生量的变化，为发生质变积累条件，儿童的成长不是一个突变的过程，而是一个需要经历由量变的积累到质变的飞跃的过程，是连续性与阶段性的对立统一过程。当原有的质的特征占主要地位时，新的质的萌芽已经出现；新的质的特征占据主要地位后，往往仍有旧的质的特征的表现。旧质中孕育着新质，新质中又包含着旧质，发展一般不会突然中断，而是逐渐过渡。家长们需要用发展的眼光来看待孩子的成长，真正做到尊重孩子，还给孩子一片自由快乐成长的净土。

了解了儿童心理发展的阶段性及连续性特点后，就比较好理解幼小衔接的重要性和必要性了。一方面，学龄前孩子和小学生是两个不同的发展阶段，每个阶段都有其各自的特点。学龄前孩子的思维主要是具体形象思维，注意以无意性为主，游戏是其主导活动；小学生的思维开始由具体形象思维向抽象思维过渡，注意的有意性逐渐增强，学习是其主导活动。正因为学龄前孩子与小学生的身心特征不同，所以学前教育与小学教育理应有所不同。我们不应该把学前儿童当作小学儿童看待，也不能把小学儿童当作学前儿童看待。另一方面，处于学前阶段和小学阶段过渡时期的孩子，正处于两大阶段发展特点交替、转化、升华的过程，同时具有两个阶段的部分身心特征，如孩子在幼儿园大班已经产生了初步抽象逻辑思维的萌芽、认真学习的动机和愿望等；一年级的小学生仍然保留着幼儿时期的具体形象思维、注意力难以集中、喜欢游戏等特点。我们必须依据儿童身心发展的连续性和阶段性特点，开展有针对性的教育，同时又要注意其内在的联系，做好两个阶段的教育衔接工作。

德国的哈克教授提出了幼小断层理论，认为处于幼儿园和小学衔接阶段的孩子，通常面临六个方面的断层问题。

第一，师生关系的断层。幼儿园教师像妈妈一样，关心孩子生活的各个方面，而小学老师以关心学生的学习为主，对孩子要求更严、期望更高，这会使孩子感到压力和负担。

第二，学习方式的断层。幼儿园的学习以游戏为主，学习方式比较直观、具体、形象，学习内容生活化，生动有趣，孩子比较感兴趣。进入小学，孩子开始正式学习文化知识，以文字符号取代实物和图片，学习难度较大且单调枯燥，孩子必须花一定的时间适应。同时，小学开始有各类的考试，增加了孩子的学习压力。

第三，行为规范的断层。幼儿园的行为规范比较自由和生活化，例如在幼儿园孩子可以随时喝水、上厕所，若吃饭慢有保育员照顾，来、离园早点晚点也没关系。但对于这些在幼儿园被认为是理所当然的事情，在小学就有不同的要求：小学不能迟到、早退，上课不能随便说话、上厕所，行为规范比较严格。

第四，社会结构的断层。孩子升入小学后将与幼儿园的伙伴分离，建立新的人际关系，结交新朋友，要寻找自己在新团体中的位置并希望为班级所认同。

第五，期望水平的断层。在幼儿园，没有硬性的学习要求和作业，家长和老师注重的是孩子的健康和兴趣。进入小学，家长和老师则对孩子提出一定的学习内容要求和目标要求，会为了学业而减少孩子玩游戏、看电视等的时间，这些突然的改变会加大孩子的压力。

第六，学习环境的断层。幼儿园的孩子在活泼、自由、轻松的环境下自发学习，小学生则有作业，学习受老师的支配和家长的监督，容易产生抵触情绪。

幼小衔接的主要内容可以围绕以上六个方面展开，解决好这六个断层的衔接问题，是做好幼小衔接的关键。家长可以对照本书前面阐述的内容，开启自己向合格父母的目标前进的学习之路。

17 世纪的捷克教育家夸美纽斯在《母育学校》一书中论述了幼儿教育思想，其中的“母育学校”不是指通常意义上的学校，而是“母亲膝前”教育的意思。因此，《母育学校》可以说是一本关于幼儿家庭教育的专著。在本书中，夸美纽斯专门探讨了有关幼儿入学及做好入学前准备工作的问题，并提出了许多有益的建议。

夸美纽斯认为，母亲能够比教师带给幼儿更多的关怀，提倡幼儿最好留在“母育学校”中学习。大约到了五六岁，幼儿身体日趋发育完善，达到以下三个标准时，则具备了到学校继续学习的能力：第一，幼儿掌握了应在母育学校了解的东西；第二，幼儿具备可供继续学习的注意力、思考力和一定的判断能力；第三，幼儿具有继续学习的愿望。

自 20 世纪 60 年代中期以来，在联合国教科文组织及其他有关国际机构的大力提倡、推广和普及下，终身教育已经作为一个极其重要的教育概念在全世界广泛传播。终身教育理论认为个体的学习没有终止，人的一生都是学习的时间。终身教育超越了基础教育和继续教育的界限，其目的不只在于传授知识和技能，也不只在于训练儿童，还在于使所有人终身都接受教育，全面提高人的素质，使人在德智体美劳等方面平衡发展。基础教育是奠定终身教育的基础，在这个阶段中，成功的基础教育能够激起个体持续学习的欲望。

终身教育理论给我们的启示，是不能狭隘地理解幼小衔接的任务和目标，而应重视各个发展阶段的连续性，注重为孩子创设适宜的成长环境，关注孩子的可持续发展。因此在实践幼小衔接教育时，应该以终身教育观为指导思想，将幼小衔接时期看作为终身教育奠定基石的阶段。进行幼小衔接的目的不是要求孩子学会与小学学科内容直接相关的知识，而是使孩子有一个健康的体魄，提高孩子的心理素质，激发孩子的学习兴趣，培养孩子良好的社会适应性、良好的行为习惯和良好的道德品格，这些都将对孩子的整个人生产生持续的影响。

最后，我们还要坚持以儿童为本。关注儿童发展的连续性，尊重儿童的原有经验和发展差异；关注儿童发展的整体性，帮助儿童做好身心全面准备和适应；关注儿童发展的可持续性，培养有益于儿童终身发展的习惯与能力。

实施指南

一、激发孩子上小学的热情

家长千万不要用“上学后就要吃苦头”等话来恐吓孩子，而要说一些欣赏与鼓励的话，如“你真的长大了”“你越来越像小学生了”“你是大哥哥大姐姐了，爸爸妈妈为你能顺利进入小学而自豪”等，让孩子觉得上小学是一件很光荣、很自豪的事。

（一）与孩子一起交谈

家长要以快乐的心情告诉孩子上小学将带来的愉悦，消除孩子对上小学的焦虑和恐惧，唤起孩子对小学生活的向往。家长可以从孩子上大班开始就尝试告诉孩子，大班结束后，他将成为一名光荣的小学生。家长可以和孩子多聊聊关于小学的事，主动介绍家长关注的或者孩子以后要去的小学，除了介绍小学的名称、位置、学校标志、建筑及功能等内容，还要有意识地多向孩子介绍小学的学习、生活情况，把入学后会发生的变化告诉孩子，使孩子明白进入小学读书可以获得更多的知识，长大后可以成为对社会有用的人。家长也可以让孩子谈一谈其对上小学的困惑及担心，并帮助孩子收集一些资料来共同解决疑惑。

（二）带孩子和上小学的哥哥姐姐聊一聊

家长可以让孩子和已经上小学的哥哥姐姐聊聊天，询问哥哥姐姐上小学的感受和小学的学习与生活情况。听熟悉的哥哥姐姐讲述小学各个方面的情况是孩子了解小学生活的方式之一，能激发孩子对小学生活与学习的向往。

（三）带孩子和幼儿园同伴一起参观小学，引导孩子交流各自对小学的看法

一般来说，将要上小学的大班孩子，自己会或多或少对小学感到好奇，对小学的生活有着有趣的想法。家长们不妨约好，利用合适的时间，带领孩子们一起去参观附近的小学。出发前，带队的家长应交代清楚参观的目的与要求，帮助孩子们理顺思路，如提醒孩子注意看校牌，知道小学的校名；看操场，了解小学的课间活动都做些什么；看厕所，留心小学厕所与幼儿园厕所有何不同；看课堂，观察小学生与老师怎样进行互动，小学生的坐姿是什么样子，老师提问后小学生怎样举手发言……参观结束后，为及时了解孩子的想法，家长可以举行小型交流会，让孩子说说各自发现的小学生活与幼儿园生活的不同之处、谈谈参观小学后的感受。孩子们在参观中会产生不一样的体验，在交谈中会有不一样的见解，孩子们参观小学后，大胆地交流自己对成为一名小学生的认识的过程，能激发他们对小学的期待之情。

（四）为孩子做好物质准备，激发孩子对小学的向往

准备书包是孩子认识小学生活的第一步，不少孩子对此也很感兴趣。家长可以和孩子一起准备，一方面让孩子体验即将成为小学生这一

快乐的过程，另一方面让孩子知道学习是他们自己的事，培养孩子自己的事情自己做的意识。家长也可以和孩子一起认识小学生平时使用的各种学习用品，并知道它们的使用方法。家长还可以为孩子开辟一个独立学习的小空间，让孩子自己选择台灯、书桌等用品及书包、文具盒、橡皮、作业本等学习用具，让孩子在轻松愉快的体验中产生对学习的热爱。

家长还可以和孩子一起期待入学的日子，如利用日历等日常生活物品，在日历上标出上学的日期，每天和孩子一起进行倒计时，算一算离开学还有多少天。在即将开学的那几天，可以让孩子练习整理书包，并用积极的语言鼓励孩子，培养孩子期待入学的情感。在多种形式和内容的入学准备中，孩子可以从学会照顾自己、准时上学、管理自己的物品、注意出行的安全、遵守学校制度等方面进行学习和体验，进而激起“自己即将成为小学生，要努力做得更好”的意识。

（五）注重孩子习惯和能力的培养，让孩子体验当小学生的快乐

培养孩子的良好习惯是幼小衔接工作的一项重要任务。孩子在幼儿园阶段的学习与游戏，其实是在为其未来的学习、生活做准备。在这个重要阶段，家长要根据自己孩子的特征，在倾听与语言表达、任务意识和书写习惯等方面加强关注与培养，还要注意培养孩子的独立意识和责任感。家长可以通过布置一些小任务，如让孩子每天整理书包、准备学习用具、完成一些小制作等，加强孩子的独立意识和责任感，这些习惯和能力的养成过程，可以从心理层面上真正激发孩子对学习的兴趣与独立自主的意识，更有自信地去迎接小学生活。

二、遵循孩子的成长规律，家长应知应会

家长要尊重孩子的成长规律和年龄特点，了解教育能做什么。

首先，要了解影响孩子发展的因素有哪些，这些因素在多大程度上影响了孩子的发展，各因素之间的相互关系如何。了解了这些，我们就能知道孩子的教育需要幼儿园、同伴、家庭、社区等共同作用，孩子的发展离不开教育环境、经济条件、家庭背景等他生活于其中的外部环境。

其次，家长要关注一些关于孩子发展的相关理论，如成熟势力说、

行为主义观、社会学习理论、精神分析理论、相互作用理论、社会文化理论、人本主义观、生态系统理论、毕生发展观等。在众多理论流派中，家长需要抽取出有价值的理论观点，并且逐步在家庭教育中亲身践行，在理论指导下的实践中，了解孩子的教育需要什么、需要教孩子什么等。

再次，家长要了解这一阶段的孩子注意的无意性、心理活动的不随意性、思维的具体形象性等。

最后，家长最好熟知《3～6岁儿童学习与发展指南》。该指南从健康、语言、社会、科学、艺术五个领域描述了3～6岁各年龄阶段儿童的学习与发展目标，并提出了相应的教育建议，能够帮助家长了解3～6岁儿童学习与发展的基本规律和特点，建立对孩子发展的合理期望，实施科学的保育和教育，让孩子度过快乐而有意义的童年。

三、关注孩子的个体差异和全面发展

家长要用长远的发展的眼光去教育孩子，为孩子的长远发展做好铺垫，让孩子在合适的年龄做合适的事情。无论孩子的天资如何，其家庭背景、社会关系如何，每个孩子都是一粒种子，只不过每个人的花期不同。有的花，一开始就开得很灿烂，很耀眼；有的花，需要时间的洗礼，漫长的等待。所以，作为家长，我们不要看着别人的孩子绽放了而自己的孩子还没有动静，就十分着急，相对地，家长要相信，每朵花都有自己的花期。细心地呵护自己的孩子慢慢地长大，陪着孩子沐浴阳光、经历风雨，这何尝不是一种成长，一种幸福？更何况，也许有的种子永远不会开花，因为，那是一棵参天大树。家长要做的就是默默陪伴，静待成长。

延伸拓展

一、阅读推荐

1.《正面管教》（作者：[美]简·尼尔森；出版单位：北京联合出版公司）

推荐理由：没有父母不为了孩子而竭尽全力，但最美好的愿望不一定给孩子带来最好的结果。40 多年来，《正面管教》已经成为管教孩子的“黄金准则”，被翻译成多种语言，在美国销量超过 400 万册，在美国之外的国家和地区销量超过 200 万册。

正面管教是一种既不惩罚也不娇纵的管教孩子的方法。只有在和善而坚定的家庭氛围中，家长才能更好地帮助孩子增强自律意识，培养责任感、合作精神以及自己解决问题的能力，才能引导孩子学会使其受益终身的社会技能和生活技能，才能让孩子取得良好的学业成绩。书中将通过“正面管教家长工作坊”帮助家长学会运用正面管教方法，使孩子达到上述目标。

2.《好妈妈胜过好老师——一个教育专家 16 年的教子手记》（作者：尹建莉；出版单位：作家出版社）

推荐理由：该书是近年来难得一见的优秀的家庭教育原创作品，是教育专家尹建莉的教子手记，是一本还未上市就以“手抄本”流传的图书。这本书有以下特点：第一，书中提出了一些令人耳目一新的家庭教育原则，使家长在教育孩子的时候有章可循。第二，书中给出了许多简单而实用的操作办法，理论和实践相结合，不仅可以立刻获得许多有效的经验，而且教育观念也会随之转变。第三，它不但告诉家长怎么能提高孩子成绩，而且告诉家长怎么教孩子做人，教家长怎么培养一个自觉、自强、自立的孩子。

> >> 3.《不是孩子的错——为中国少年成长辩护》（作者：叶小平、萧芸；出版单位：国家行政学院出版社）

推荐理由：这是一本发人深省的家庭教育图书，作者要为中国少年成长辩护，对当今的社会和家长大声疾呼：这不是孩子的错！作者基于大量的调查，尖锐地指出了中国家庭教育的误区与扭曲、中国少年成长的艰难与恐慌，启发家长走出误区、正确认识孩子的成长特性，回归教育的自然本性。作者提出“挫折是成长的代价，也是少年的权利”这一观点，无疑给现代的家长上了一课。作为一本成长导航的实用书，书中洋溢着浓重的思辨色彩，充满了真诚执着的思想交锋。本书用真实感人的故事为说理载体，以透彻的剖析证其要害，将一个个活生生的，甚至是惊心的个案摆在读者面前。但作者并未停留在摆事实的层面，而是记录了怎么成功解决孩子成长的疑难杂症，并让家庭回归和谐的全过程，引导读者掌握被实践检验了的可行方法。在书中，作者独到而鲜明地区分了“成长”与“成才”两个概念：成长是自然属性的需求，成才是社会属性的需要，“成长是父母的责任和义务，成才是孩子自己的理想和追求”，指出孩子的成才苦难与恐慌，可能都与父母的越权期望与过度设计有关。

二、视频推荐

> >> 1.《地球上的星星》（导演：［印］阿米尔·汗；出品：印度PVR影业）

推荐理由：影片讲述了一个8岁男孩伊夏和他所读寄宿学校的美术老师尼克的故事。对于伊夏来说，世界是充满惊奇和快乐的万花筒，他用他能够想到的一切方式和这个陌生的世界交流，同时也充分地享受大地万物慷慨的赠予。可是，这样的伊夏却是成年人眼中的问题儿童：他学习不好，成绩在班上的排名靠后，脑子里还充满了各种匪夷所思的鬼点子。在又一次闯下大祸后，忍无可忍的父母将伊夏送往了寄宿学校。虽然伊夏的新生活并没有什么改变，但和父母分离的生活也让他感到闷闷不乐。这时，一位名叫尼克的美术老师走进了伊夏的生活。和以往见到的墨守成规的老师不同，尼克主张让学生们保留自己的个性和思想，自由地发展。在伊夏和尼克相处的日子里，两个人都慢慢地成熟了起来。

》》 2.《放牛班的春天》（导演：[法]克里斯托夫·巴拉蒂；出品：法国百代电影公司）

一位怀才不遇的音乐家克莱门特来到一间男子寄宿学校当助理教师，在那里他面对的不是普通学生，而是一群被大人放弃的“野男孩”，还有些是难缠的“问题儿童”；体罚在学校里司空见惯，学校的校长只顾自己的前途，以残暴高压的手段管治学生。性格沉静的克莱门特尝试用自己的方法改善这种状况，他创作音乐作品，组织合唱团，决定用音乐来打开学生封闭的心灵。这是一个克莱门特改变了孩子以及他自己的命运的故事。

》》 3.《起跑线》（导演：[印]萨基特·乔杜里；出品：印度麦多克电影制作有限公司、印度缇系电影）

印度的中产阶级夫妇——服装店老板拉吉与太太米塔，为了让女儿皮娅能够从小就获得最好的教育，想尽了各种办法。而当他们费尽心思终于要将女儿送进名校时，事情却又发生了意想不到的变化。

评估改进

一、自我评估

（一）为了帮助您更好地了解孩子，请您客观地对您的孩子的情况做选择。

1. 孩子是否表现出对入小学充满期待？（ ）

A. 从不 B. 很少 C. 偶尔 D. 经常 E. 总是

2. 孩子是否能与周围同伴友好相处？（　）

A. 从不　B. 很少　C. 偶尔　D. 经常　E. 总是

3. 孩子是否能在离开家人进入陌生环境时保持相对稳定的情绪？（　）

A. 从不　B. 很少　C. 偶尔　D. 经常　E. 总是

4. 孩子是否能自然地与家人以外的人交往？（　）

A. 从不　B. 很少　C. 偶尔　D. 经常　E. 总是

5. 孩子对阅读是否感兴趣，能否在阅读后回答相关的问题？（　）

A. 从不　B. 很少　C. 偶尔　D. 经常　E. 总是

6. 孩子是否能独立完成系鞋带、戴围巾等事情？（　）

A. 从不　B. 很少　C. 偶尔　D. 经常　E. 总是

7. 孩子是否能照顾自己（如主动饮水等）？（　）

A. 从不　B. 很少　C. 偶尔　D. 经常　E. 总是

8. 孩子是否能熟练地使用纸、颜料、剪刀、胶水等物品？（　）

A. 从不　B. 很少　C. 偶尔　D. 经常　E. 总是

9. 孩子是否能说出家庭地址和家人的姓名、电话号码？（　）

A. 从不　B. 很少　C. 偶尔　D. 经常　E. 总是

10. 孩子是否会承认自己不懂或做不到而主动请求帮助？（　）

A. 从不　B. 很少　C. 偶尔　D. 经常　E. 总是

（二）为了让您更好地了解自己的教养行为，请您客观地对如下情况进行选择。

1. 纠正孩子不好的行为，并告诉孩子应该怎么做。（ ）
A. 从不 B. 很少 C. 偶尔 D. 经常 E. 总是

2. 制定规则以约束孩子的行为。（ ）
A. 从不 B. 很少 C. 偶尔 D. 经常 E. 总是

3. 制止孩子的任性行为。（ ）
A. 从不 B. 很少 C. 偶尔 D. 经常 E. 总是

4. 孩子做错事时，提醒孩子如果再犯错就要接受惩罚。（ ）
A. 从不 B. 很少 C. 偶尔 D. 经常 E. 总是

5. 孩子做了好事时，及时夸奖孩子。（ ）
A. 从不 B. 很少 C. 偶尔 D. 经常 E. 总是

6. 教育孩子要为自己所做的事负责。（ ）
A. 从不 B. 很少 C. 偶尔 D. 经常 E. 总是

7. 鼓励孩子在幼儿园取得进步和成功。（ ）
A. 从不 B. 很少 C. 偶尔 D. 经常 E. 总是

8. 培养孩子良好的行为习惯（如自己动手吃饭等）。（ ）
A. 从不 B. 很少 C. 偶尔 D. 经常 E. 总是

9. 鼓励孩子参加幼儿园的活动（如游戏活动等）。（ ）
A. 从不 B. 很少 C. 偶尔 D. 经常 E. 总是